부자 과외 수업

NAPOLEON HILL

부자 과외 수업

나폴레온 힐의 현대인을 위한 특별 강좌

나폴레온 힐 지음 | 정기철 옮김

THINK AND GROW RICH

FOR THE MODERN READER

머리말

> **"마음먹은 것을 믿고 따르면,**
> **무엇이든 이룰 수 있다"**

이 한 줄에 간단하지만 매우 간절한 노력을 요구하는, 오직 소수의 사람들만 실현할 수 있는 성공 공식이 농축되어 있다. 또한 이를 토대로 인간의 열망을 물질적 실체로 어떻게 바꿀 수 있는지를 설명하는 성공 철학, 곧 생각의 힘을 실체적 형태로 구현할 수 있다는 사고 체계가 세워졌다. 부유하고 성공한 사람들, 즉 돈, 인간관계, 권력, 마음의 평화와 사회적 지위를 누리는 사람들은 이 단순한 원리로 번영을 이루고 유지했다. 이것이 나폴레온 힐 성공 과학 프로그램의 기본 원리이며, 대공황을 효과적으로 종식시키는 데 도움이 되었고 이후 다른 어떤 프로그램들보다 더 많은 백만장자와,

문화계 저명인사와 사상가를 배출한 성공 철학이 되었다.

나폴레온 힐Napoleon Hill은 1883년 버지니아주 와이즈 카운티의 파운드 강변에 있는 단칸 오두막에서 태어났다. 그는 일찍이 13세에 소도시 지역 신문의 산악 담당 기자로 글을 쓰기 시작했다. 25세 되던 1908년, 유력한 경제 전문지에서 그를 특별 취재 기자로 파견하여 철강산업의 거두 앤드루 카네기Andrew Carnegie를 인터뷰하게 했다. 그 인터뷰에서 카네기는 수억 달러를 벌 수 있었던 비결이자 인간의 마음에 관한 마술 같은 법칙, 즉 잠재력이 엄청나지만, 아직 알려지지 않았던 심리학적 원리를 힐에게 일깨워 주었다.

이 마법의 공식을 스스로 발견할 시간이나 여력이 없는 사람들과 공유하고 싶어 한 카네기는, 이 원리를 개인을 위한 성공 철학으로 계발하는 데 20년 이상을 투자하게 될 큰 과업을 힐에게 맡겼다. 카네기는 자신의 성공 공식을 입증할 이 연구를 위해, 힐에게 500명이 넘는 미국 최고의 경영자들과 대화할 수 있는 기회만을 제공했을 뿐 보수를 따로 주지는 않았다. 1937년, 힐은 29년의 연구와 저술 끝에 성공 과학의 핵심인 13가지 성공 원리를 담아 《Think and Grow Rich》를 출판했다. 초판 발행 이후 나폴레온 힐 재단은 전 세계에서 1억 부가 넘는 책을 팔았다. 자기계발서 가운데

《*Think and Grow Rich*》보다 더 창조적인 영향을 미친 책은 없다.

• • •

이 책은 바쁘게 사는 오늘날의 직장인들이 시대를 초월해 지혜의 혜택을 받을 수 있도록, 힐의 걸작인 《*Think and Grow Rich*》의 1937년 원본을 바탕으로 삼아 핵심 원리와 지침, 사례를 간추린 책이다.

여기에 담긴 지혜를 제대로 활용하려면 하루에 한 장Chapter 이상을 읽지 말고, 책에 담긴 의미와 통찰을 완전히 소화한 후 떠오르는 생각의 실마리를 발전시켜 창조적 재능을 발휘할 수 있도록 하라. 나아가 독서 클럽이나 스터디 그룹에서 함께 읽고 토론하면서 조력자 집단*의 원리에 따라 더 높은 수준의 사고에 도달하도록 노력을 거듭하면 발전이 심화되는

---

* 역주) 원문의 mastermind group은 문제 해결을 위해 다른 구성원의 지식과 조언을 구하는 동료들 간의 멘토링 그룹이다. 나폴레온 힐이 그의 1925년 저서 《*The Law of Success*》에서 처음 창안한 개념으로, 이 책의 9장에 상술되어 있다. 힐은 이 개념을 헨리 포드, 그레이엄 벨, 시어도어 루스벨트, 존 록펠러와 찰스 슈왑의 성공 사례를 연구하며 발견했다. '매스터마인드 그룹'이란 용어가 다소 생소하므로 이 책에서는 '조력자 집단'으로 번역하여 사용하기로 한다.

것을 체험하게 될 것이다. 어떤 접근 방식을 취하든, 이 책에 서술된 원리들을 실행하는 데 힘쓰면 개인적 발전과 아울러 꿈을 이룰 수 있는 원동력을 반드시 얻게 될 것이다.

차례

서문

꿈은 이루어진다

이 책은 당신이 현재 지니고 있는 재력, 인맥이나 직업적 열망 등을 뛰어넘어 성취하고자 하는 마음과 꿈, 열망을 자극하도록 설계되었다. 실증된 13개의 실용적인 원리들이 인생 성공의 바탕이 되고 용기를 북돋아 줄 것이니 당신의 가능성에는 한계가 없다! 그리고 이 모든 것은 당신이 생각하는 데서 시작된다.

참으로, "꿈은 이루어진다." 그리고 명확한 목적과 끈기, 그리고 물질적 부를 누리고 싶다는 불타는 열망이 뒷받침될 때 꿈은 더욱 강하게 이루어진다.

이 대목에서 에드윈 반스Edwin C. Barnes*의 실화를 소개한다. 반스는 스스로 생각을 발전시켜 목표를 추구하도록 동기를 부여하고, 스스로의 노력에 따라 풍부한 금전이나 다른 개인적 보상을 얻는 방법을 보여준, 성공한 사람의 훌륭한 실증 사례다.

반스는 사람들이 실제로 간절히 생각하면 부자가 될 수 있다는 사실을 발견했다. 이 진실은 하룻밤 사이에 발견한 것이 아니라 서서히, 위대한 발명가인 토머스 에디슨Thomas Alva Edison과 함께 일하고 싶다는 뜨거운 열망과 더불어 찾아왔다. 반스는 에디슨을 위해서가 아니라 에디슨과 함께 일하기를 처음부터 강렬하고도 확고하게 원했다.

에디슨의 연구실에 나타난 반스는 발명가와 함께 일하러 왔다고 말했다. 반스의 외모는 볼품이 없었지만, 그가 품은 생각과 믿음은 에디슨을 사로잡아서 함께 일하게 되었다.

겉으로는, 몇 달이 흐르도록 그의 목표 달성을 위한 어떤 일도 일어나지 않은 듯했다. 그러나 반스의 마음에는 소중한 싹이 트고 있었다. 그는 에디슨과 관련된 사업을 하겠다는 열

---

* 역주) 반스는 에디슨의 조수이자 비즈니스 파트너였으며, 1928년 나폴레온 힐이 45명의 성공 사례를 소개한 자신의 책《The Law of Success》를 바치고 싶다고 한 3명 중 하나였다. 앤드루 카네기와 헨리 포드가 나머지 2인.

망을 끊임없이 다져갔다. 심리학자들은 진정으로 무언가를 할 준비가 되었을 때 그것이 실체로 드러난다고 말해 왔다. 반스는 에디슨의 실질적인 파트너가 되고자 했고, 나아가 자신이 바라는 바를 이룰 때까지 침착하게 기다리기로 결심했다.

결국 두 사람의 동업은 결실을 맺어 30년 이상 유지되었다. 그 과정에서 반스는 부자가 되었지만 그것보다 훨씬 더 큰 결실, 즉 그는 사람들이 정말로 간절히 생각하면 부자가 될 수 있다는 것을 증명했다.

반스가 애초에 품었던 열망을 돈으로 치면 얼마쯤 될지 알 수는 없다. 어쩌면 2, 3백만 달러쯤 되었을까. 하지만 그게 얼마이든, 눈으로 볼 수 없는 생각의 충동을 물질적 자산으로 바꿀 수 있다는 확실한 깨달음에 비하면 미미하다.

탄탄한 아이디어 하나만 있으면 성공을 거둘 수 있다. 이 책에 설명된 원리들은 가장 훌륭하고 실용적으로 유용한 아이디어를 생성하는 방법과 수단을 알려 준다.

이러한 원리에 대한 설명을 더 진행하기 전에, 당신에게 중요한 암시를 드린다. 재물이 들어오기 시작하면 그토록 오래, 힘겹게 지낸 시절에는 어디에 숨어 있었는지 의아해할 정도로 매우 빨리, 그리고 엄청나게 들어온다. 이 말은 믿기 어려울지 모른다. 재물은 열심히 오래도록 일하는 사람에게만 온다는 일반적인 통념과 비교해 보면 더욱더 그러하리라.

부는 마음가짐에서 시작된다

부자가 되자고 간절히 생각하기 시작하면 부는 실제로 고된 일을 하지 않고도, 분명한 목적을 전제로 한 마음가짐에서 비롯된다는 것을 알게 될 것이다. 부를 끌어들이는 마음가짐을 얻는 방법에 관심을 가져야 한다. 나도 사람들이 어떻게 그렇게 부자가 되는지 알고 싶었기 때문에 25년 동안 25,000명 이상의 사람들을 분석하면서 연구에 몰두했던 것이다.

이 같은 성공 철학의 원리를 숙달하고 그 원칙을 적용하기 위한 지침을 따르는 순간부터 당신의 재산이 불어나고, 당신이 손대는 모든 사업에 성공을 거두기 시작한다는 사실을 주의 깊게 관찰하라. 불가능하다고? 전혀 그렇지 않다!

'불가능'이라는 단어에 너무 친숙하다는 것이 수많은 사람들의 큰 약점이다. 우리는 별로 도움이 되지 않는 가르침을 많이 알고 있고 그것들로는 아무것도 이룰 수 없다는 것도 알고 있다.

이 책은 성공한 사람들을 인도한 원리를 찾고, 거기에

모든 것을 걸고자 하는 사람들을 위해 저술되었다.

성공은 성공하고자 하는 사람에게 찾아온다. 실패를 대수롭지 않게 받아들이는 사람들에게는 실패가 찾아온다. 이 책은 실패 의식에서 성공 의식으로 마음을 바꾸는 방법을 찾고자 하는 모든 사람에게 가르침을 주고자 하는 것이다.

성공은 그것을 의식하는 사람에게 다가온다

또 하나의 약점은 너무나 많은 사람들이 주위 사람들과 대상을 자신이 느낀 인상과 주관만으로 판단하는 습관에 빠져 있다는 것이다. 이 책을 읽는 사람들 가운데서도 생각하는 것만으로는 부자가 될 수 없다고 믿는 사람이 꽤 있으리라. 그들은 가난과 궁핍, 불행, 실패와 패배 의식에 깊이 젖어 있기에 부를 이루려는 관점으로 사고할 수 없는 것이다.

시인 윌리엄 헨리William Earnest Henry*는 "나는 내 운명의 주인이며 내 영혼의 선장이다."라는 예언적인 시구로 우리에게

---

* 역주) 윌리엄 헨리(1849 ~ 1903)는 영국의 시인, 작가이자 비평가. 인용구는 그가 1875년에 지은 시, <불굴의 영혼 *Invictus*>의 마지막 두 행이다.

는 생각을 통제할 수 있는 힘이 있다는 사실을 일깨워 주었다.

우주에는 우리가 마음속에 품고 있는 생각의 본질에 공명하여, 자연스러운 방식으로 우리의 생각을 그와 상응하는 물질로 바꾸도록 영향을 미치는 힘이 있다. 이 힘은 파괴적인 생각과 건설적인 생각을 구별하지 않으므로, 우리가 부에 대해서 간절히 생각하면 물리적인 현실로 바뀌듯이 빈곤에 대한 생각도 물리적인 현실로 재빨리 바뀌게 된다.

우리의 두뇌는 마음속에 품고 있는 지배적인 생각에 이끌리게 되고, 이 생각은 공감하는 주변 사람들을 끌어들이는 '자석'과 같은 역할을 한다.

막대한 부를 축적할 수 있게 하려면, 우리는 부에 대한 강렬한 열망으로 마음을 가득 채워 그 열망을 실현하도록 확실한 계획을 세우는 수준에 이를 때까지 집요하게 '돈을 의식'하여야 한다.

뉴저지주 오렌지에 도착한 화물 열차에서 기어 내리는 반스는 부랑자처럼 보였을지 모르지만 그의 생각은 제왕과 같았다! 기찻길에서 에디슨의 사무실로 가는 반스의 마음은 요동치고 있었다. 에디슨 앞에 나타난 반스는 에디슨에게 자기 인생의 유일한 집념, 즉 그 위대한 발명가의 동료가 되고자 하는 불타는 열망을 이룰 수 있도록 기회를 달라고 요청했다.

확실한 열망을 지녀야 당신이 추구하는
인생의 꿈이 현실이 될 것이다

반스의 열망은 단순한 희망이 아니었다. 소원도 아니었다. 그것은 모든 것을 초월하는 간절하게 고동치는 열망이었다. 그만큼 확고했다.

에디슨을 찾아갔던 반스의 열망은 새로운 것이 아니었다. 오랫동안 반스를 사로잡았던 것이었다. 애초에는 작은 소원이었을지 모르지만, 에디슨 앞에 나타났을 때는 강렬한 열망이 되어 있었다.

몇 년 후 반스가 에디슨을 처음 만났던 사무실에서 다시 그의 앞에 섰을 때, 반스의 열망은 현실로 바뀌어 있었다. 에디슨과 동업하게 되면서 반스의 삶을 지배했던 꿈이 이루어졌다. 반스가 그 이전에 겪었던 실패를 알고 있었던 사람들은 그를 부러워했다. 그러나 그들은 그가 성공을 이룬 원인을 살펴보지도 않고, 오로지 그가 성공한 결과만을 보았을 뿐이다.

반스는 확실한 목표를 선택하고, 거기에 모든 에너지와 의지, 노력을 쏟아부었기에 성공했다. 처음 도착한 날 바로 에디슨의 파트너가 되지는 못했지만, 반스는 자신의 소중한 목표를 향해 한 발짝이라도 내디딜 기회를 제공하는, 하찮은 일부터 시작하는 것으로 만족했다.

반스의 경우는 확고한 열망의 힘을 보여 주는 놀라운 사례다. 반스는 반드시 에디슨과 함께 사업을 하고자 했기에 목표를 달성했다. 그는 목적을 달성하기 위한 계획을 세웠고, 지나온 뒤에 남은 모든 다리를 불태웠다. 반스는 열망이 삶을 관통하는 집념이 되어 마침내 실현될 때까지 지켜냈다.

 핵심 포인트

- 긍정적이든 부정적이든 모든 것은 생각하는 데서 시작된다.
- 부는 마음가짐과 확실한 목적에서 시작된다.
- 생각을 통제하는 방법을 배우는 것은 돈보다 훨씬 더 가치가 있다.
- 파괴적인 생각은 긍정적인 생각만큼 확실하게 현실로 바뀐다. 따라서 신중하게 생각을 선택하는 것이 중요하다.

N A P O L E O N   H I L L

1장

부에 이르는
제1원칙

THINK AND GROW RICH
FOR THE MODERN READER

열망

부에 이르는 13가지 원칙

1. 열망
2. 신념
3. 자기암시
4. 전문 지식
5. 상상력
6. 체계적인 계획
7. 결단성
8. 끈기
9. 조력자 집단
10. 성 에너지의 미스터리
11. 잠재의식
12. 두뇌
13. 육감六感

부에 이르는 제1원칙

열망

한 위대한 장수가 전장에서 승리를 위해 결단해야 하는 상황을 맞았다. 강한 데다 숫자로도 훨씬 많은 적에 맞서야 했던 장수는 적을 향해 항해하여 배에서 내린 다음 타고 온 배를 모조리 불태우라고 명령했다.

첫 번째 전투에 앞서 그는 부하들에게 외쳤다. "배가 불타고 있다. 승리하지 못하면 살아서 떠날 수 없다는 뜻이다! 이제 선택의 여지가 없다. 이기지 못하면 죽는다!" 그들은 승리했다.

무슨 일이든, 성공하고자 하는 사람은 기꺼이 배를 불태워 모든 퇴로를 차단해야 한다. 그렇게 해야만 성공에 필수적인, 승리를 향한 불타는 열망이라고 하는 마음가짐을 굳건히 할 수 있다.

오직 바라기만 해서는 부를 이룰 수 없다

돈이 뭔지 알 수 있는 나이가 되면 누구든 돈을 얻고자 한다. 그러나 바라기만 해서는 부를 쌓을 수 없다. 집착에 이를 정도의 마음가짐으로 부를 갈망하고, 나아가 부를 얻기 위한 확실한 방법과 수단을 계획하고, 한두 번의 실패에 좌절하지 않는 끈기로 그 계획을 뒷받침해야 한다.

'돈을 강하게 의식하는money conscious' 사람들이 큰 부를 축적한다. '돈을 의식한다'는 것은 마음이 돈을 벌고자 하는 열망에 완전히 빠져들어 이미 돈을 소유하고 있는 자신을 볼 수 있는 상태에 이른 것을 의미한다.

이 과정에는 '고된 노동'이 따르지 않는다. 다른 일을 제쳐두고 여기에만 몰두할 필요도 없다. 그렇다고 남들의 조롱이나 비웃음을 사지도 않는다. 이 과정에서 배운 것을 적용하기 위해 많은 교육이 필요하지도 않다. 그러나 우연이나 행운으로 돈을 모을 수는 없다는 것을 이해할 만큼의 충분한 상상력은 필요하다. 큰 재산을 모은 사람은 돈을 벌기에 앞서 먼저 돈을 모으겠다는 확고한 꿈과 희망, 소망, 즉 열망을 품었고, 그 꿈을 실현할 계획을 수립했다는 사실을 깨달아야 한다.

부에 대한 열망을 물질적 등가물로 변환할 수 있는 방법은 다음과 같은 6가지의 명확하고 실질적인 원칙으로 구성된다. 이 공식은 대인관계나, 직업, 지식이나 재정적인 것을 망라한 모든 형태의 부에도 같이 적용된다.

첫째, 바라는 정확한 금액을 마음에 고정하라. "나는 돈이 많이 필요하다."라는 식으로는 충분하지 않다. 그 금액을 확실히 정하라. 정확성에 대한 심리적 이유는 다음 장에서 설명한다.

둘째, 바라는 돈에 대한 대가로 무엇을 치를 것인지 정확히 결정하라. 공짜나 요행을 바라는 것 같은 바보짓은 없다.

셋째, 바라는 돈을 소유하기까지 명확한 기한을 설정하라.

넷째, 열망을 이루기 위한 확실한 계획을 세우고, 준비가 되었든 안 되었든 이 계획을 즉시 실행에 옮기기 시작하라.

다섯째, 돈을 모을 계획을 벌고 싶은 금액과 취득 기한을 지정하여 간단명료한 문서로 작성하라. 이때 그 돈을 모을 방법과 그 대가로 무엇을 제공할 것인지까지 명확하게 서술하라.

여섯째, 작성한 문서를 매일 두 번, 잠자리에 들기 전과 아침에 일어난 후 소리 내어 읽어라. 읽으면서, 이미 돈을 소유하고 있는 자신을 보고, 느끼고, 믿어라.

여섯 번째 지침을 준수하고 따르는 것이 특히 중요하다. 실제로 돈을 벌기에 앞서 '돈을 소유하고 있는 자신을 보는' 것은 불가능하다고 불평할 수 있지만, 이 지점에서 불타는 열망이 당신을 도우러 올 것이다. 진정으로 돈을 갈망하여 그 욕망이 집착이 될 정도라면 돈을 벌게 될 거라고 확신하는데 어려움이 없다. 중요한 점은 당신이 돈을 원하며(돈이 아니라면, 다른 주요 목표) 진정으로 돈을 벌기로 결심하고, 돈을 갖게 될 것이라고 확신하는 것이다.

상상 속에서 큰 부자가 되지 못한다면
현실에서도 그렇게 될 수 없다

상상 속에서도 큰 부자가 되지 못한다면, 당신은 실제로도 그렇게 될 수 없다. 꿈꾸는 사람에게는 모든 아이디어를 적극적으로 수용하는 열린 마음이 꼭 필요하다. 새로운 아이디어를 두려워하는 사람들은 시작하기도 전에 실패하게 되어 있다. 지금 현재 이 순간보다 개척자들에게 더 유리한 때는 없었다. 이제, 정복할 광활하고 황량한 서부는 없으나, 더 나은 방향으로 탐색하고 재구성하고 새로운 방향을 설정할 수 있는 광대한 비즈니스와 금융, 산업 그리고 무한한 사이버 세계가 내 앞에 펼쳐진다.

새로운 세상을 꿈꾸는 자들이여, 잠에서 깨어 일어나 스스로에게 외쳐라. 그대의 별은 지금 떠오르고 있다. 거듭된 세계 경제 위기는 혁신과 위대함을 발휘할 기회를 만들어 주었고, 아울러 세상사를 대할 때 겸손과 관용, 열린 마음이 필요함을 일깨워 주었다.

세상은 지난날의 몽상가들이 결코 알지 못했던 풍부한 기회로 가득하다. 부를 좇는 경주에 뛰어든 우리는, 지금같

이 변화된 세상에서는 새로운 아이디어와 행동 방식, 새로운 리더와 새로운 발명품, 새로운 교수법과 마케팅, 새로운 책, 라디오의 새로운 기능, 영화에 담을 새로운 아이디어가 필요함을 깨달아야 한다. 참신하고 더 나은 것에 대한 이 모든 요구의 배경에는 첫째, 명확한 목적과 둘째, 당신이 바라는 욕구를 확실히 파악하고, 셋째, 그것을 이루려는 불타는 열망이라는 반드시 체득해야 할 세 가지 자질이 있다.

경기 침체는 언제나 한 시대의 종말과 다른 시대의 탄생을 의미해 왔다. 변화된 세상은 꿈을 행동으로 옮길 실천적인 몽상가를 요구한다. 이들이 항상 새로운 시대의 패턴을 창조해 왔고 앞으로도 그럴 것이다.

바라는 것을 얻고자 하는 불타는 열망은 꿈꾸는 자가 이륙해야 하는 출발점이다. 무기력하거나 게으르고 야망이 부족한 사람은 꿈을 꿀 수조차 없다.

열망의 힘을 어떻게 얻고 사용할 수 있을까? 이 질문의 답은 이 책에서 구할 수 있다. 나는 이 메시지를 격동의 시기를 살고 있는 여러분에게 전하고 있다. 경제 침체기에 시련을 겪고 재산과 지위를 잃은 사람들, 계획을 재정비해서 재기를 꿈꾸는 많은 사람에게 이 메시지가 주목을 받을 것이라고 생각하는 충분한 이유가 있다. 사람들이 이루려는 성취의 본질이나 목적이 무엇이든, 그 대상에 대한 강렬하고 불타는 열망에서 시작되어야 한다는 생각을 전하고 싶다.

모든 성취는 명확한 목적물을 얻고자 하는 강렬한 열망에서 시작된다

아직껏 정체가 드러나지 않은 대자연의 섭리 속에는 '불가능'하다거나 실패를 용납하지 않는 '확실한 대상'을 추구하게 하는 강한 욕망의 충동이 도사리고 있다.

무엇인가를 바라기만 하는 것과 그것을 추구할 준비가 되어 있는 것에는 확연한 차이가 있다. 자신이 바라는 것을 얻을 수 있다고 확신하기 전까지는 그 목적물을 추구할 준비가 되어 있지 않은 것이다. 그러한 마음가짐은 단순한 희망이나 소망이 아니라 확고한 신념이 되어야 한다. 마음이 열려 있어야 이 같은 확신에 이를 수 있으니, 닫힌 마음으로는 신념과 용기, 믿음을 얻을 수 없다.

불행하고 빈곤해지는 데는 아무런 노력도 필요하지 않다.

- 성공은 명확한 목표를 설정하는 데서 시작된다.
- 목표는 간결하되 구체적인 문서로 작성하라. 목표가 금전일 때는 취득하고자 하는 정확한 금액을 적고, 당신의 명확한 주요 목표를 달성하기로 계획한 기한을 설정하라. 그 문서를 하루에 두 번 소리 내어 읽어라. 그때, 자신이 이미 그 열망의 대상물을 소유하고 있다고 보고, 느끼고, 믿을 정도가 되어야 한다.
- 상상 속에서 부자가 되지 못한다면, 실제로도 그렇게 될 수 없다.
- 세계 역사상 지금처럼 실천적인 몽상가를 위한 좋은 기회는 없었다.
- 우리가 살고 있는 세상은 새로운 아이디어, 새로운 발명품, 새로운 업무 방식을 요구하고 있다. 이것은 큰 기회를 의미하지만, 끊임없이 나타나는 이러한 기회를 잡으려면 명확한 목적과 바라는 것을 이루기 위한 지식이 있어야 하며 그것을 얻으려는 불타는 열망이 있어야 한다.
- 바라는 것을 이루려는 불타는 열망이 당신의 출발점이다.

NAPOLEON HILL

2장

부에 이르는
제2원칙

THINK AND GROW RICH
FOR THE MODERN READER

신념

부에 이르는 13가지 원칙

1. 열망
2. 신념
3. 자기암시
4. 전문 지식
5. 상상력
6. 체계적인 계획
7. 결단성
8. 끈기
9. 조력자 집단
10. 성 에너지의 미스터리
11. 잠재의식
12. 두뇌
13. 육감六感

부에 이르는 제2원칙

신념

**신념은 달성하려는 열망을 구체화하고
그것을 이룰 수 있다는 믿음이다**

신념은 자기암시를 통해 긍정적인 지시를 우리의 잠재의식에 반복적으로 주입해서, 유도하거나 생성할 수 있는 마음의 상태이다.

예컨대 당신이 이 책을 읽고 있는 목적을 고려해 보라. 그 목적은 당연히 욕망이라는 무형적인 생각의 충동을 물리적 대응물, 즉 화폐로 변환하는 능력을 획득하는 것이다. 자기암시^{autosuggestion}* 및 잠재의식에 관해 바로 뒤 3장에서 서술할 지침을 따르면, 금전이나 다른 목적물을 얻을 수 있다고 당신의 잠재의식에 확신시킬 수 있다. 이렇게 되면 잠재의식이 당신에게 '신념'이라는 형태의 믿음을 불러일으켜 목적물을 얻기 위한 확실한 계획을 세우게 한다.

백지상태에서 신념을 개발하는 방법은 설명하기가 지극히 어렵다. 왜냐하면 신념이란 이 책 전체에 걸쳐 논의되는 13가지 원리, 또는 법칙을 숙달하고 적용한 후에 개발할 수 있는 마음의 상태이기 때문이다. 성공의 확실성에 대한 확신을 당신의 잠재의식에 반복적으로 각인시켜야만 신념이라는 감정을 마음대로 발전시킬 수 있다.

사람들이 범죄자가 되는 과정에 관한 다음 설명을 들어보면 신념의 의미를 더 명확하게 알 수 있다. 어느 유명한 범죄학자의 말이다. "사람들은 범죄를 처음 접하면 혐오한다. 그러나 한동안 범죄와 접촉하다 보면 어느새 둔감해지고 익숙해진다. 나아가 아주 오래도록 접촉하다 보면 마침내 범죄

---

* 역주) 3장에서 서술할 autosuggestion은 자기암시自己暗示, 또는 자가암시自家暗示라고 번역할 수 있다. 이 단어는 위약 효과僞藥 效果, placebo effect를 설명하는 데에 연관되는 용어로서 20세기 초 프랑스 심리학자 에밀 쿠에Émile Coué가 창안했다. 어떤 관념 또는 개념에 대하여 항상 사고하는 것으로, 이에 의하여 정신·신체 기능에 변화가 온다는 것이다.

를 받아들여 영향을 받게 된다."

그러니까 반복적으로 전달되는 생각의 충동이, 그 충동을 물리적 등가물로 변환시켜 가려는 잠재의식에 의해 촉발되어 마침내 행동으로 이루어진다고 할 수 있겠다.

이와 관련하여 다음 문장을 유념하라.

"감정으로 구체화되거나 신념과 결부되는 모든 생각은 즉시 물질적 등가물 또는 대응물로 변환되기 시작한다."

감정, 즉 우리들 생각의 '느낌' 부분은 생각에 활력과 생명, 그리고 행동을 부여하는 요소로서, 신념, 사랑, 성性 같은 감정은 생각의 충동과 결합될 때 가장 강렬한 행동을 유발한다.

신념과 어우러진 감정은
즉시 물질적으로 전환된다

신념뿐 아니라, 긍정적이거나 부정적인 정서와 어우러진 생각의 어떠한 충동이라도 잠재의식에 닿아 영향을 미칠 수 있다.

즉, 잠재의식이 긍정적이거나 건설적인 생각의 충동에

의해 촉발되듯이, 부정적이거나 파괴적인 생각의 충동도 그대로 물질적 등가물로 전환된다. 이것으로 수많은 사람들이 경험하는 '악운' 또는 '불운'이라고 일컫는 이상한 현상을 설명할 수 있다.

스스로 통제할 수 없다고 여기는 이상한 힘 때문에 빈곤과 실패라는 '불운'을 겪는다고 믿는 사람들이 많다. 이들은 잠재의식에 의해 유발되어 물질적 등가물로 변환되는 이 부정적인 믿음 때문에 스스로 '불운'을 창조하는 것이다.

오랜 세월, 사람들은 '신념을 가져라!'라고 설파해 왔지만, 아무도 그 방법까지는 일러주지 못했다. '신념이란 자기암시를 통해 유도되는 마음가짐'이라고 말하지 못했다.

신념은 자기암시로 유발되는 마음가짐이다

항상 스스로에 대한 믿음과 절대자The Infinite*에 대한 믿

---

* 역주) New Thought(인간의 신성神性을 강조하여 올바른 사상이 병과 실패를 억제할 수 있다고 여기는, 19세기에 생겨난 일종의 종교 철학)의 첫 번째 교리가 다음 구절이다. 'God or Infinite Intelligence is supreme, universal, and everlasting(신, 즉 무한지성은 초월적이고 보편적이며 영구불변이다).'

음을 가지고 다음을 기억하라!

- 신념은 생각의 충동에 생명, 능력 그리고 행동을 주는 '영원한 묘약'이다!

- 앞 문장을 두 번, 세 번, 네 번 읽어라. 기왕이면 소리 높여 읽어라!

- 신념은 모든 부를 축적하는 출발점이다!

- 신념은 과학으로 분석할 수 없는 모든 '기적'과 신비의 기초이다!

- 신념은 실패에 대해 알려진 유일한 해독제이다!

- 신념은 기도와 결부하여 무한지성과 직접 소통을 허락하는 '화학물질'이다.

- 신념은 인간의 유한한 마음이 만들어내는 평범한 생각의 진동을 영적인 등가물로 바꾸는 요소이다.

- 신념은 인간이 무한지성Infinite Intelligence의 우주적 힘을 활용할 수 있는 유일한 수단이다.

위의 현상들은 언제나 당신에게 일어날 수 있다.

부정적인 영향을 버리고
당신의 삶을 누릴 수 있도록 각오를 다져라

다음은 스스로 자신감을 불어넣는 공식Self-Confidence Formula이다. 여기에는 당신의 사고방식에 녹아들어 일상생활에 적용해야 할 중요한 다섯 가지 금언金言이 있다. 방해받지 않는 조용한 장소를 찾아 공식의 각 구성 요소를 큰 소리로, 자신 있게 외쳐 보라.

첫째, 나는 내 삶의 분명한 목적을 달성할 수 있는 능력이 있음을 안다. 그러므로 나는 지금 당장 그 목적 달성을 위해 끊임없이 행동하겠다고 약속한다.

둘째, 나는 내 마음을 지배하는 생각이 궁극적으로 외

향적이고 육체적 행동으로 재현되고 점차 물질적 현실로 구체화될 것임을 자각한다. 그러므로 매일 30분씩 내가 어떤 사람이 되고 싶은지에 대한 분명한 그림을 머릿속에 그린다.

셋째, 나는 자기암시의 원리를 통해, 마음속에 끈기 있게 품고 있는 모든 야망이 결국에는 그 목적물을 얻기 위한 실질적인 방식으로 실현되리라는 것을 안다. 그러므로 나는 매일 10분씩 나의 잠재의식 속에 자신감을 불어넣는다.

넷째, 나는 인생의 확실한 목표에 대한 설명을 명확하게 기록해 놓고 그 목표를 달성할 수 있다는 충분한 자신감을 가질 때까지 노력을 멈추지 않겠다.

다섯째, 나는 진실과 정의에 기초하지 않는 한 어떤 부나 지위도 오래 지속될 수 없다는 것을 잘 알고 있다. 그러므로 나의 주변 누구에게든 손해를 끼치는 거래라면 절대 관여하지 않겠다. 나는 나의 힘과 다른 사람들의 협력을 끌어들여 성공할 것이다. 나는 기꺼이 다른 사람들에게 협력하고 싶으며 다른 사람들도 나에게 협력하도록 권유할 것이다. 다른 사람에게 부정적 태도를 취하면 결코 내가 성공할 수 없다는 것을 알기 때문에, 증오와 시기, 질투, 이기심, 냉소주의에서 벗어나 모든 사람들을 사랑할 것이다. 내가 그들과 나 자신을 믿듯이 다른 사람들도 나를 믿게 만들 것이다.

이 다섯 가지 공식이 나의 생각과 행동에 서서히 영향을 미쳐서, 내가 자립하고 성공하리라는 완전한 믿음으로 내 이름을 서명한 다음, 완전히 암기해서 하루에 한 번 큰 소리로 반복할 것이다. 이 공식은 '자기암시'의 법칙이라고 하는 자연법칙으로 뒷받침된다.

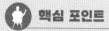 **핵심 포인트**

- 신념은 긍정적인 지시를 우리의 잠재의식에 반복적으로 주입해서 유도하거나 생성할 수 있는 마음의 상태이다.
- 감정으로 구체화되거나 신념과 어우러진 모든 생각은 즉시 물질적 등가물 또는 대응물로 전환되기 시작한다.
- 당신의 믿음 또는 신념이 잠재의식의 작용을 결정하는 요소이다.
- 수많은 사람들이 통제할 수 없는 불가항력 때문에 빈곤과 실패라는 불운을 겪는다고 믿는다. 그들은 자신의 불행을 자초한 것이다.
- 신념이 모든 부를 축적하는 출발점이다.
- 신념은 생각의 충동에 생명과 능력과 행동을 부여한다.
- 잠재의식은 두려움이 이끄는 부정적인 생각도 현실로 바꾼다. 신념이 이끄는 긍정적인 생각을 현실로 바꾸듯이.
- 궁극적으로 반드시 성공한다는 사실을 잠재의식이 믿도록, 자기암시의 법칙을 활성화하여 확실한 목표를 달성하는 데 필요한 자신감을 심어라.

3장

부에 이르는
제3원칙

THINK AND GROW RICH
FOR THE MODERN READER

자기암시

부에 이르는 13가지 원칙

1. 열망
2. 신념
3. 자기암시
4. 전문 지식
5. 상상력
6. 체계적인 계획
7. 결단성
8. 끈기
9. 조력자 집단
10. 성 에너지의 미스터리
11. 잠재의식
12. 두뇌
13. 육감六感

부에 이르는 제3원칙

자기암시

자기암시: 잠재의식에 영향을 끼치는 매개체

자기암시란 오감을 통해 사람의 마음에 도달하는 모든 암시와 모든 자기 관리 자극에 적용되는 용어로, 쉽게 말하면 스스로에게 행하는 암시이다. 자기암시는 마음에서 의식적인 생각이 일어나는 부분과 잠재의식이 작동하는 자리 사이의 의사소통 매개체가 된다.

자기암시의 원리는 우리의 의식을 지배하는 생각이, 그 생각이 부정적이든 긍정적이든, 저절로 잠재의식에 영향을 미치도록 작동한다.

부정적이든 긍정적이든 어떤 생각도 자기암시 원리의 도움 없이는 잠재의식에 들어갈 수 없다. 달리 말하면 오감을 통해 지각되는 모든 감각적 인상은, 의식적인 사고에 의해 걸러져서 잠재의식으로 전달되거나 거부될 수 있다. 의식 능력은 잠재의식의 접근에 대해 외부 경비원 역할을 한다.

자연의 섭리로 우리는 오감을 통해 잠재의식에 도달하는 물질을 완전히 통제할 수 있게 되었지만, 이 통제력을 항상 행사하지는 않는다. 대부분의 사람들이 그것을 실행하지 못한 결과 가난하고 비참한 삶을 살아가게 된다.

잠재의식은 유용한 곡식의 씨를 뿌리지 않아서 잡초만 무성하게 자라는 비옥한 땅과 같다. 자기암시는 의식적으로 자신의 잠재의식에 창조적인 생각을 덧입히거나, 아니면 방치하여 이 풍요로운 마음의 정원에 파괴적인 생각이 깃들도록 유도한다.

당신은 앞서 1장에서 "6가지 원칙으로 돈에 대한 열망을 담은 문서를 작성하여 하루에 두 번 소리 내어 읽고 이미 돈을 소유하게 된 자신을 보고 느끼라."는 지시를 들었다. 이 지시를 따르면, 당신은 절대적인 신념을 통해 바라는 대상을 잠재의식에 직접 전달하게 된다. 이 과정을 반복함으로써 열망을 금전적 등가물로 변환하려는 당신의 노력에 도움이 되는 사고 습관을 저절로 기르게 된다.

앞으로 더 나아가기 전에, 1장에서 자세히 설명한 '열망을 실현하기 위한 6가지 원칙'으로 돌아가서 아주 주의하여 다시 읽고, 이후 6장에 이르면 당신의 '조력자 집단'을 구성하기 위한 네 가지 지침을 숙지하는 데 시간을 보내라. 그 원칙과 지침을 자기암시에 대해 이 장에서 언급한 내용과 비교해 보면, 두 지침 모두 자기암시 원리의 적용과 관련되어 있음을 알 수 있다.

따라서 '돈에 대한 의식'을 개발하기 위해 열망 실현의 원칙을 소리 내어 읽을 때, 감정이나 느낌을 담지 않은 채 문장에 나열된 단어들을 읽는 것만으로는 아무런 의미가 없다는 것을 명심하라. 절실한 믿음이 없다면 예컨대, '나날이, 모든 면에서, 나는 점점 더 나아지고 있다.'라는 유명한 에밀 쿠에의 공식(36쪽 역주 참조)을 백만 번 외친다 해도 바라는 결과를 경험하지 못할 것이다. 당신의 잠재의식은 정서나 느낌과 완전히 어우러진 생각만을 인식하고 작동한다.

잠재의식은 정서나 느낌과
완전히 어우러진 생각만을 인식하고 작동한다

이 점은 이 책의 거의 모든 장에서 반복되는 매우 중요한 사실이다. 자기암시의 원리를 적용하고자 하는 사람들이 대부분 실패하는 주된 이유는, 잠재의식이 감정이나 느낌과 완전히 어우러진 생각만을 인식하고 작동한다는 것을 이해하지 못하기 때문이다.

감정을 싣지 않고 무심코 내뱉는 말은 잠재의식에 영향을 미치지 않는다. 믿음과 어우러진 구체적인 감정이나 말로 잠재의식에 도달하는 법을 배울 때까지는 눈에 띄는 결과를 얻지 못할 것이다.

한두 번 시도해 보고는 감정을 조절하고 통제할 수 없다고 낙심하지 마라. 노력하지 않고 얻어지는 도박 같은 요행은 없다. 잠재의식에 도달하고 영향을 미치는 능력을 얻으려면 반드시 치러야 하는 대가가 있다.

속이려 해도 속일 수 없다. 당신의 잠재의식에 영향을 미치려면 이 책의 1장부터 13장까지 설명된 여러 원리를 실천하는 꾸준한 끈기가 필요하다. 추구하는 보상(돈에 대한 의식)이 치러야 하는 대가만큼 가치가 있는지는 스스로 판단해야 한다.

평균의 법칙*이 작용하는 극히 드문 경우를 제외하면 지혜와 '영리함'만으로는 돈을 모으거나 유지하지 못한다. 이 책에서 설명하는 돈을 모으는 방법은 평균의 법칙을 따르지 않는다.

자기암시의 원리를 체득하려면 열망이 불타는 집념이 될 수 있도록 집중해야 한다. 1장의 6가지 원칙을 수행하기 시작할 때 집중의 힘을 활용해야 한다.

잠재의식은 절대적인 신념으로 전달하는 모든 반복적인 명령에 따라 작동한다

예를 들어 '바라는 정확한 금액을 마음으로 정할 때'에

---

* 역주) '평균의 법칙the law of averages'은 특정 결과 또는 이벤트가 특정 기간에 걸쳐 확률과 유사한 빈도로 발생할 것이라는 일반적 믿음이다. 이를 잘못 적용하면 타당한 상식적인 관찰이나 확률에 대한 오해로 이해될 수 있다. 즉 특정 결과가 최근에 발생하지 않았기 때문에 단순히 특정 결과가 곧 와야 한다고 확신할 때, 예를 들어 동전 던지기에서 세 번 연속 앞면이 나왔으니 네 번째에는 뒷면이 나올 거라고 믿는 경우처럼 '도박꾼의 오류gamblers fallacy'로 이어질 수 있다.

는, 실제로 그 돈의 모습을 볼 수 있을 때까지 눈을 감고 주의를 집중하여 그 돈에 대한 생각을 유지해야 한다. 하루에 적어도 한 번 이상 이 연습을 거듭해서, 실제로 돈을 소유하고 있는 당신의 모습을 볼 수 있을 정도에 이르러야 한다!

여기에 매우 중요한 사실 하나가 있다. 즉, 잠재의식은 절대적인 신념으로 전달하는 명령을 받아들이고 그 명령에 따라 작동한다는 것이다. 그 명령은 잠재의식에 각인될 때까지 반복적으로 내려져야 한다.

1장에서 제시한 지침이 이 장에서 다루는 원리와 결합하여 열망을 금전적 등가물로 변환하기 위한 압축된 공식을 이룬다. 다음의 제안을 진지하게 받아들이고 가능한 한 빨리 실천하라.

첫째, 사람들이 오지 않아 방해받지 않는 조용한 장소로 가서(가급적이면 밤에 잠자리에 들어서), 벌고자 하는 금액과 이에 필요한 시간의 데드라인, 그 돈의 대가로 제공하려는 서비스 또는 상품에 대한 설명을 기록한 문서를, 눈을 감고 스스로 들을 수 있을 만큼 큰소리로 반복하여 읽어라. 그러면서, 이미 돈을 소유하고 있는 자신을 보라.

예를 들어, 지금부터 5년 후 1월 1일까지 5만 달러를 모으려는 대가로 판매원으로 일하기로 했다고 가정해 보자. 목적에 대한 선언문은 다음처럼 작성할 수 있다.

"20××년 1월 1일까지, 나는 때때로 다양한 액수로 벌어들일 50,000달러를 소유하게 될 것이다. 이 돈의 대가로 나는 ○○○사의 영업 사원으로서 최선을 다하여 가장 효율적인 서비스를 제공한다."

"나는 이 돈을 갖게 되리라 믿는다. 내 믿음이 너무 강해서 이제 이 돈을 눈앞에 볼 수 있고 손으로 만질 수도 있을 정도다. 그 돈은 지금 내가 그 대가로 치르고자 하는 서비스를 제공하는 시간과 비율에 따라 나에게 넘어오기를 기다리고 있다. 나는 이 돈을 모을 계획을 수립 중이고, 실행할 것이다."

둘째, 당신의 상상 속에서 모으려는 돈을 볼 수 있을 때까지 이 프로그램을 밤낮으로 반복하라.

셋째, 선언문을 밤과 아침에 볼 수 있는 곳에 두라. 잠자리에 들기 직전과 일어나자마자 암기할 수 있을 때까지 읽어라.

이 지침들을 수행할 때 잠재의식에 명령을 내릴 목적으로 자기암시의 원리가 작동하고 있음을 명심하라. 아울러, 당신의 잠재의식은 감정으로 구체화되어 '느낌'으로 전달되는 지침에만 반응함을 명심하라.

신념은 가장 강력하고 가장 생산적인 감정이다. 스스로 자신감을 키우기 위해 2장에서 제시한 5가지 지침을 따르라. 이러한 지침은 처음에는 추상적으로 보일 수 있지만 개의치 마라. 정신과 행동으로 지침을 따르면, 완전히 새로운 세계가 당신 앞에 펼쳐질 것이다.

새로운 아이디어를 접할 때 생기는 회의주의는 모든 인간의 특징이다. 그러나 여기에서 설명하는 지침을 따르면 회의는 곧 믿음으로 바뀌고 이는 다시 절대적인 신념으로 구체화된다. 그러면 진정으로 "나는 내 운명의 주인이다, 나는 내 영혼의 선장이다!"*라고 말할 수 있는 경지에 이르게 된다.

---

*   역주) 서문에서 인용한 윌리엄 헨리William Henry의 시구

- 부정적이든 긍정적이든 어떤 생각도 자기암시의 도움 없이 잠재의식에 들어갈 수 없다.
- 잠재의식에 도달하고 영향을 미치는 능력을 얻으려면 대가를 치러야 한다. 그 대가는 이 책에 담긴 13가지의 원리를 적용하는 데 필요한 꾸준한 끈기이다.
- 잠재의식은 절대적인 신념으로 내려진 명령을 받아들이고 그 명령에 따라 작동한다.
- 자신이 이미 확실한 열망을 갖고 있는 상태라고 상상해 보라.
- 선언문을 밤과 아침에 볼 수 있는 곳에 두고, 잠자리에 들기 전과 잠에서 깨어난 직후, 암기할 수 있을 때까지 다시 반복하라.
- 당신은 잠재의식에 영향을 미치는 힘을 가지고 있기 때문에 자신과 주변 환경의 주인이 될 수 있다.

NAPOLEON HILL

4장

부에 이르는
제4원칙

THINK AND GROW RICH
FOR THE MODERN READER

전문 지식

부에 이르는 13가지 원칙

1. 열망
2. 신념
3. 자기암시
4. 전문 지식
5. 상상력
6. 체계적인 계획
7. 결단성
8. 끈기
9. 조력자 집단
10. 성 에너지의 미스터리
11. 잠재의식
12. 두뇌
13. 육감六感

부에 이르는 제4원칙

전문 지식

**전문 지식은 개인적인 경험이나
관찰에서 비롯된다**

지식에는 일반 지식과 전문 지식의 두 가지 종류가 있다. 일반 지식은 아무리 다양하게 쌓아도 돈을 모으는 데 별로 소용이 없다. 명문 대학의 교수진들을 모두 동원하면 문명사회에 알려진 거의 모든 형태의 일반 지식을 보유하게 되겠지만, 대부분의 교수들은 돈을 많이 가지지 못한 사람들이다. 그들은 지식을 교육하는 데는 전문가이지만 그 지식을

활용하는 데는 별 관심이 없다.

지식은 부의 축적이라는 명확한 목적을 위한 실질적인 행동 계획을 통해 체계화하여 현명하게 유도하지 않으면 돈을 벌어다 주지 않는다. 이 사실을 이해하지 못하고 '아는 것이 힘'이라고 잘못 믿은 수많은 사람들이 혼란을 겪어 왔다. 지식은 그런 것이 아니다.

지식은 잠재적인 힘의 원천일 뿐이므로, 확실한 사업 계획으로 조직되고 명확한 목표로 유도될 때만 실질적인 힘이 된다.

모든 교육 시스템에서 흔히 나타나는 이 같은 '맹점missing link'은 교육기관들이 학생들에게 지식을 습득한 후 체계화하여 활용하는 방법을 가르치지 않는 데서 비롯된다.

열망을 금전적 가치로 바꾸는 능력을 키우려면, 재화財貨에 대한 대가로 제공하려는 서비스, 상품 또는 작업에 대한 전문 지식이 필요하다. 당신의 습득 능력이나 열망을 넘어선 고도의 전문 지식이 필요하다면, 당신이 조직하는 조력자 집단을 통해 당신의 약점을 메울 수 있다.

앤드루 카네기는 스스로 철강업의 기술 분야에 대해서는 거의 아는 것이 없다고 말했고, 필요한 기술을 특별히 배우려고도 하지 않았다. 철강업의 생산과 마케팅에 필요한 전문 지식은 조력자 집단의 개별 단위를 통해 얻을 수 있었다.

큰 재산을 축적하려면 지적으로 체계화된 고도의 전문 지식을 통해 얻는 힘이 필요하지만, 전문 지식을 반드시 가지고 있어야 할 필요는 없다.

야망이 있으나 부의 축적에 필요한 전문 지식을 제공하는 '교육'을 받지는 못한 모든 사람들은 앞 문장에서 희망과 격려를 받아야 한다. 수많은 사람들이 '정식 교육을 받지 못했다'는 '열등감' 때문에 고통스러운 삶을 이어간다. 하지만, 전문가들로 구성된 조력자 집단을 조직하고 지휘할 수 있는 사람은 그 그룹의 교육받은 여러 구성원들과 동등한, 제대로 교육받은 사람이 된다.

당신이 정식 교육을 받지 못한 열등감에 시달린다면, 에디슨은 평생 '학교 교육'을 3개월밖에 받지 못했다는 것을 상기하라. 그렇지만 그는 교육이 부족하지도 않았고, 가난하게 죽지도 않았다. 포드 자동차 회사의 설립자인 헨리 포드 Henry Ford는 '학교 교육'을 6년도 채 못 받았지만 혁명적인 새로운 대량생산 방식과 최초의 이동식 조립라인을 도입하여 산업계에 엄청난 영향을 미쳤고, 이를 통해 막대한 부를 축적했다.

습득한 지식을 체계화해서 실용적인 계획을
세워 확실한 목적 달성에 활용해야 한다

전문 지식은 가장 풍부하고 구하기 쉬운 서비스에 속한다. 먼저, 필요한 전문 지식의 종류와 그것을 사용하려는 목적을 결정하라. 대부분의 경우 인생의 주요 목적, 즉 당신이 지향하는 목표가 필요한 지식을 결정하는 데 도움이 된다. 그다음, 신뢰할 수 있는 출처를 찾아서 지식을 확보해야 한다. 지식의 출처는 다음과 같다.

- 당신이 습득한 경험과 교육
- 조력자 집단에 속한 타인과의 협력을 통해 얻을 수 있는 경험과 교육
- 대학
- 공공 도서관(책과 정기간행물)
- 특별 교육 과정(특히 야간학교 및 가정학습)
- 인터넷 자료

실용적인 계획을 세워 명확한 목적을 달성하려면 습득한 지식을 체계화해서 사용해야 한다. 가치 있는 목적을 위해 활용할 수 없다면 지식은 아무런 가치가 없다. 이것이 우리가 대학 학위를 더 높이 평가하지 않는 한 가지 이유다. 그것은 단지 지식을 위한 지식일 뿐이다.

지식을 더 얻으려 한다면, 먼저 찾고 있는 지식을 활용하고자 하는 목적을 결정하라. 그런 다음, 필요한 전문 지식을 얻을 수 있는 신뢰할 만한 출처가 어디인지 알아보라.

어떤 분야에서건, 성공한 사람들은 그들의 주요 목적과 사업 또는 직업과 관련하여 끊임없이 전문 지식을 구한다. 성공하지 못한 사람들은 대개 학교를 졸업하면 지식 습득 기간이 끝난다고 믿는 오류를 범한다. 불편한 진실은, 학교 교육이란 실용 지식을 습득하는 방법을 일러주는 정도에 그친다는 것이다.

모든 아이디어의 기초는 전문 지식이다. 안타깝게도, 부를 찾지 못하는 많은 사람들이 전문 지식은 쉽게 구하지만 사업의 아이디어로 활용할 방법을 모른다. 바로 이런 사실 때문에, 다른 사람들이 제공하려는 상품이나 서비스를 유리하게 판매하도록 도울 능력 있는 전문가를 찾는 수요가 넘쳐난다.

전문가의 능력이란 상상력을 포함하여, 부를 창출하도록 잘 체계화된 계획의 형태로 전문 지식과 아이디어를 결합하는 데 필요한 자질을 말한다.

예리한 상상력을 가지고 있다면, 다음 장에서 당신이 바라는 부의 시작이 될 충분한 아이디어를 찾을 수 있다. 아이디어, 생각이 가장 중요하다는 것을 명심하라. 전문 지식은 언제 어디서든 찾을 수 있다.

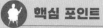

핵심 포인트

- 지식에는 일반 지식과 전문 지식이 있다.
- 일반 지식은 돈을 모으는 데는 거의 쓸모가 없다.
- 지식은 부의 축적이라는 명확한 목적을 위한 실질적인 행동 계획을 통해 체계화하여 현명하게 유도하지 않으면 돈을 벌어다 주지 않는다.
- 오늘날 우리 사회에 알려진 모든 교육 시스템은 지식을 전수할 뿐, 습득한 지식을 체계화해서 활용하는 방법을 알려 주지는 않는다.
- 필요한 전문 지식의 종류와 사용 목적을 결정한 후 신뢰할 수 있는 출처에서 습득하라.
- 지식은 가치 있는 목적을 위해 적용할 수 없다면 아무런 가치가 없다.
- 성공한 사람들은 자신의 주요 목적, 사업 또는 직업과 관련된 전문 지식 습득을 결코 멈추지 않는다.

5장

부에 이르는 제5원칙

THINK AND GROW RICH
FOR THE MODERN READER

상상력

부에 이르는 13가지 원칙

1. 열망
2. 신념
3. 자기암시
4. 전문 지식
5. 상상력
6. 체계적인 계획
7. 결단성
8. 끈기
9. 조력자 집단
10. 성 에너지의 미스터리
11. 잠재의식
12. 두뇌
13. 육감六感

부에 이르는 제5원칙

상상력

상상력은 마음의 일터이다

상상력은 문자 그대로 모든 계획을 일구는 작업장이다. 우리는 상상력이라는 재능을 활용하여 충동 또는 열망의 형태와 유형을 구체화하고 이를 실현하려는 행동을 취하게 된다.

인간은 상상할 수 있는 모든 것을 만들 수 있다고 한다. 오랜 문명사를 통틀어 가장 급격한 변화를 맞고 있는 현재가 상상력 계발에 가장 유리한 시기이다. 우리는 중요한 고비를 맞을 때마다 상상력을 발전시킬 수 있는 자극과 마주친다.

우리는 상상력을 발휘해서 지난 50년 동안 그 어느 때보다 더 많은 자연의 힘을 발견하고 활용해 왔다. 공기를 완전히 정복하여 새들보다 더 잘 날게 되었고, 에테르*를 활용하여 세계 어느 지역과도 동시적으로 연결되는 통신수단을 만들었다.

수백만 마일 거리에 있는 태양을 분석하고 무게를 측정했으며, 상상력을 동원해 태양을 구성하는 요소를 판명하였다. 우리는 인간의 뇌가 생각의 진동을 송출하고 수신한다는 것을 발견했고 이제 그 발견을 실제로 활용하는 방법을 배우기 시작했다.

상상력에는 조합적 상상력과 창조적 상상력, 두 가지가 있다

상상력이 작동하는 방식은 '조합적 상상력'과 '창조적

---

* 역주) 에테르ether는 빛을 파동으로 여겼을 때 파동을 전파하는 매질로 생각되었던 가상의 물질이다. 마이컬슨-몰리가 수행한 간섭계interferometer 실험을 통해 에테르는 실재하지 않으며, 빛의 속도는 광원의 운동에 영향을 받지 않는다는 사실이 밝혀졌다.

상상력' 두 가지가 있다.

조합적 상상력Synthetic imagination : 조합적 상상력을 통해 우리는 낡은 개념, 아이디어 또는 계획을 새로운 조합으로 배열할 수 있다. 이 재능 자체는 아무것도 창조하지 않으며, 단지 경험, 교육 및 관찰이라는 재료를 처리하여 별도로 체계화된 아이디어를 생성하는 데 사용된다. 발명가가 가장 자주 사용하는 기능이지만, 예외적으로 '천재'들은 조합적 상상력으로 문제를 해결할 수 없을 때 창조적 상상력을 끌어낸다.

창조적 상상력Creative imagination : 창조적 상상력이라는 재능을 통해 인간의 마음은 무한지성과 직접 소통한다. 이 재능을 통해 '직감'과 '영감'이 수용되며, 아울러 모든 기본적 아이디어나 새로운 아이디어가 사람들에게 전달된다.

창조적 상상력은 다음과 같은 방식으로 자동으로 작동한다. 이 재능은 우리의 의식이 매우 빠른 속도로 진동할 때, 예를 들어 강렬한 열망이라는 감정을 통해 자극될 때 작동한다. 창조적 상상력은 반복적인 활용을 통해 더욱 발전하면서 이미 언급한 자극의 원천으로부터의 진동에 더 민감하게 반응하고 더 잘 수용하게 된다. 앞 문장은 매우 중요한 표현이다! 이 책을 계속 더 읽기 전에 깊이 숙고하라.

이 책에 실린 13가지 원칙을 모두 읽은 후라도, 궁극적인 효과는 당신이 이 모든 것을 통달하고, 완전히 이해하고, 사용하기 시작할 때에만 거둘 수 있다는 점을 마음에 새기라.

경영, 산업, 금융 분야의 위대한 지도자들과 뛰어난 예술가, 음악가, 시인, 작가들은 창조적 상상력이라는 재능을 고도로 키워서 두각을 나타냈다. 근육이나 신체 기관이 반복된 훈련을 통해 발달하는 것처럼 조합적 상상력과 창조적 상상력은 활용할수록 더욱 민감하게 발달한다.

열망, 그 자체는 모호하고 일시적인 생각이자 자극일 뿐이다. 그것은 추상적이고, 물리적 대응물로 변화할 때까지는 아무런 가치가 없다. 열망이라는 자극을 돈으로 변환시키는 과정에서 가장 많이 사용되는 것은 조합적 상상력이지만, 창조적 상상력 또한 사용해야 하는 환경이나 상황에 직면할 수도 있다는 점을 명심하라.

무형의 열망을 돈이라는 유형의
실체로 바꾸려면 계획이 필요하다

당신의 상상력은 이제껏 활용하지 않아 이미 빈약해졌을지 모른다. 상상력은 반복적인 사용을 통해 부활하고 더 예민해진다. 이 재능은 소멸하는 것은 아니지만 활용하지 않으면 기능이 정지될 수도 있다.

무형의 열망을 돈이라는 유형의 실체로 바꾸려면 계획이 필요한데, 이때의 계획은 상상력, 주로 조합적 상상력의 도움을 통해 구체화하여야 한다.

즉시 상상력을 발휘하여 당신의 열망을 돈으로 바꾸는 계획에 착수하라. 계획 작성에 대한 자세한 지침은 이 책의 거의 모든 장에서 제공하고 있다. 당신의 필요에 가장 적합한 지침을 따르되, 반드시 문서로 계획을 작성하라.

핵심 포인트

- 열망이라는 생각의 충동은 상상력의 도움을 받아 형태, 유형, 행동으로 구체화된다.
- 사람들은 상상할 수 있는 모든 것을 만들 수 있다고 한다.
- 오랜 문명사를 통해 상상력 개발에 가장 유리한 시기는 지금이다. 지금이 가장 급격한 변화의 시대이기 때문이다.
- 상상력의 개발과 활용에는 한계가 없다.
- 조합적 상상력은 오래된 아이디어와 개념과 계획을 새로운 조합으로 재배열한다.
- 창조적 상상력은 무한지성과의 협업으로 새로운 아이디어를 만들어낸다.

6장

부에 이르는 제6원칙

THINK AND GROW RICH
FOR THE MODERN READER

체계적인 계획

부에 이르는 13가지 원칙

1. 열망
2. 신념
3. 자기암시
4. 전문 지식
5. 상상력
6. 체계적인 계획
7. 결단성
8. 끈기
9. 조력자 집단
10. 성 에너지의 미스터리
11. 잠재의식
12. 두뇌
13. 육감六感

부에 이르는 제6원칙

체계적인 계획

**열망을 행동으로 구체화하려면
체계적인 계획이 필요하다**

우리는 창조하거나 획득하는 모든 것이 열망의 형태로 시작되고, 상상력이라는 마음의 일터를 거치며, 계획을 통해 추상적인 열망이 점차 구체화된다는 것을 알았다.

1장에서, 당신은 돈에 대한 열망을 물리적 등가물로 변환하는 첫 번째 조치로, 6가지 구체적이고 실용적인 원칙을 숙지하라고 지시받았다. 이 원칙 중의 하나가 조력자 집단

결성을 비롯해서 변환이 이루어질 수 있는 명확하고 실용적인 계획을 수립하는 것이다.

다음은 조력자 집단 결성의 메커니즘Mechanism을 통해 실질적인 계획을 세우는 4단계 절차이다.

1. 9장에서 설명할 조력자 집단의 원리를 사용하여 부의 축적을 위한 계획을 만들고, 그 실행에 필요한 만큼 최대한 많이 사람들을 모아라. 이 지침을 반드시 따라야 한다.

2. 조력자 집단을 결성하기 전에 협력에 대한 대가로 구성원들에게 어떤 이익과 혜택을 제공할 수 있는지 정하라. 현명한 사람은 다른 사람에게 적절한 보상 없이 일하도록 요구하거나 기대하지 않는다. 그 보상이 반드시 돈의 형태로 이루어지는 것은 아니다.

3. 구성원들과 공동으로, 부를 축적하기에 필요한 계획을 완성할 때까지 적어도 일주일에 두 번 이상, 가능한 만큼 자주 만나라.

4. 당신과 조력자 집단의 모든 구성원 사이에 완벽한 조

화를 유지하라. 이 지침을 준수하지 않으면 실패할 수 있다. 불협화음이 있는 조직에서는 조력자 집단의 원리가 작동하지 않는다.

다음 사실을 명심하라.

첫째, 당신은 매우 중요한 사업에 착수하고 있다. 확실한 성공을 위해서는 완벽한 계획을 세워야 한다.

둘째, 다른 사람들의 경험과 교육, 타고난 재능과 그들이 지닌 상상력을 활용해야 한다. 이는 큰 재산을 모은 사람들이 택하는 방법이다.

누구도 다른 사람들과 협력하지 않고 홀로 큰 재산을 축적할 수 있을 만큼 충분한 경험과 교육, 재능과 학식을 가지고 있지 않다. 부를 축적하기 위해 세우는 모든 계획은 당신과 조력자 집단의 모든 구성원이 공동으로 만든 것이어야한다. 전체나 부분적으로 당신 자신의 계획을 기안할 수는 있지만, 반드시 조력자 집단 구성원들의 검토와 승인을 거쳐야 한다.

채택한 첫 번째 계획이 성공적으로 작동하지 않으면 새로운 계획으로 바꾸고, 바꾼 새 계획이 작동하지 않으면 효과가 있는 계획을 찾을 때까지 계속 교체하라. 바로 이것이 사람들이 실패하는 지점이다. 즉 대부분 사람들은 실패한 계획들을 대신할 새로운 계획을 거듭하여 만드는 끈기가 부족하다.

합리적인 계획이 없으면
훌륭한 성과를 거둘 수 없다

헨리 포드가 부를 축적한 것은 우수한 재능 덕분이 아니라 합리적인 계획을 채택하고 따랐기 때문이다. 포드보다 더 나은 교육을 받은 사람들은 허다하지만, 그들은 돈을 축적할 올바른 계획을 가지지 못했기 때문에 빈곤 속에 살고 있다.

아무리 똑똑한 사람이라도 실용적이고 실행 가능한 계획 없이는 돈을 모으는 데 성공할 수 없다. 아니, 다른 어떤 일이라도 성공할 수 없다. 계획이 실패하더라도 일시적인 패배가 영원한 패배는 아님을 명심하라. 그것은 당신의 계획이

철저하지 못했다는 것을 의미할 수 있다. 대안을 세우고, 처음부터 다시 시작하라.

에디슨은 백열전구를 완성하기 전에 만 번을 '실패'했다. 다시 말해, 그의 노력이 승리의 월계관으로 보상받기 전에 만 번이나 일시적인 실패를 겪었다.

일시적인 패배는 오직 당신의 계획에 무엇인가 문제가 있다는 확실한 사실만을 의미한다.

수많은 사람들이 행복과 부를 얻을 수 있는 탄탄한 계획을 세우지 않았기에 비참하고 빈곤한 삶을 살고 있다.

세상에는 리더와 추종자 두 부류가 있으니 어느 쪽이 되고 싶은지 출발점에서부터 결정하라

뛰어난 리더의 특성은 다음과 같다.

1. 흔들리지 않는 용기. 어떤 추종자도 자신감과 용기가 없는 리더의 지배를 받으려 하지 않는다. 현명한 사람들은 그러한 지도자를 오랫동안 따르지 않는다.

2. 자제력. 자신을 통제할 수 없는 사람이 다른 사람을 통솔할 수 없다. 리더의 자제력은 추종자들에게 강력한 본보기가 되며, 똑똑한 사람들은 그것에 감화된다.

3. 투철한 정의감. 공정함과 정의감 없이는 어떤 지도자도 추종자들의 존경을 받으며 통솔할 수 없다.

4. 확고한 의사 결정. 여러 의견에 우왕좌왕하는 사람은 확신이 없다는 것을 보여 준다. 그는 사람들을 성공적으로 이끌 수 없다.

5. 명확한 계획. 성공적인 리더는 자신의 일을 명확히 계획하고 실행해야 한다. 실질적이고 명료한 계획 없이 어림짐작으로 움직이는 리더는 방향타가 없는 배와 같아서, 조만간 암초에 걸려 좌초한다.

6. 보상보다 더 많이 일하는 습관. 리더들에게 따르는 어려움 가운데 하나는, 그의 추종자들이 기대하는 것보다 더 많은 일을 하려는 자발적 의지가 필요하다는 것이다.

7. 쾌활한 성품. 나태하고 부주의한 사람은 성공한 리더가 될 수 없다. 리더는 추종자들의 존경을 받을 수 있어야 한다. 추종자들은 활력이 없고 매력적이지 못한 리더를 존경하지 않는다.

8. 공감과 이해. 성공적인 리더는 추종자들과 공감해야 한다. 훌륭한 리더는 추종자들이 안고 있는 고충을 이해하고 있어야 한다.

9. 주도면밀함. 성공적인 리더는 자신의 직책을 유지하는 데 필요한 세부 사항을 완벽하게 파악하고 있어야 한다.

10. 철저하게 책임지려는 의지. 성공적인 리더는 추종자들의 실수와 결점에 대해 기꺼이 책임을 진다. 책임을 전가하려고 하면 리더로 남을 수 없다. 추종자가 실수를 하거나 무능하다면, 그런 사람을 고용한 것을 실패로 받아들여야 한다.

11. 협력. 성공적인 리더는 협업의 원리를 이해하고 추종자들도 그렇게 하도록 유도할 수 있어야 한다. 리더십은 힘이 필요하며, 그 힘은 협력을 바탕으로 얻을 수 있다.

해야 할 일을 아는 것만큼
하지 말아야 할 일을 아는 것도 중요하다

실패한 리더십의 10가지 주요 원인은 다음과 같다.

1. 주도면밀하지 못함. 효율적인 리더는 세부 사항을 잘 체계화하여 숙달하여야 한다. 진정한 리더는 자기가 해야 할 일을 제대로 처리하지 못할 만큼 '너무 바쁘지' 않다. '너무 바빠서' 계획을 변경하지 못하거나 돌발 사태에 주의를 기울일 수 없었다는 것을 인정한다면 스스로 결함을 자인하는 것이다. 성공적인 리더는 직책과 관련된 모든 세부 사항을 완전히 꿰뚫고 있어야 한다. 그리하여 유능한 동료에게 업무를 위임해야 한다.

2. 하찮은 일을 하려 하지 않음. 진정으로 위대한 지도자는 불가피한 상황에는, 평소라면 다른 사람이 처리하도록 할 고된 일을 기꺼이 스스로 수행한다.

3. 업무 수행 능력이 아니라 지식만을 앞세움. 세상 사람들

은 지도자의 '학식'에는 돈을 주지 않는다. 그들은 지도자들이 수행하는 업무 실적과 추종자들에게 업무를 수행하도록 지시하는 데 대해 돈을 낸다.

4. 추종자들과의 경쟁에 대한 두려움. 추종자들이 자신의 지위를 넘볼까 두려워하는 리더는 조만간 그 대가를 치르게 된다. 유능한 리더는 추종자들을 훈련시키고 과업을 위임한다. 그래야만 지도자가 동시에 여러 직위를 맡아 많은 일을 한꺼번에 할 수 있다. 혼자만의 노력으로 이루는 성과보다 다른 사람이 능력을 발휘하게 하는 재능이 더 많은 보상을 얻는다는 것은 영원한 진리다. 유능한 리더는 직무에 대한 지식과 매력적인 성품으로 다른 사람들의 업무 효율성을 크게 향상시키고, 자신이 돕지 않더라도 추종자들이 더욱 많은 양질의 서비스를 제공하도록 유도한다.

5. 창의력 부족. 창의력이 없으면 리더는 효과적으로 비상 상황에 대처하여 추종자들을 따르게 할 계획을 세울 수 없다.

6. 이기심. 팀 전체의 과업 결과에 대해 모든 영예를 혼

자 누리려는 리더는 반드시 원망을 받게 된다. 위대한 지도자는 어떤 영예도 요구하지 않으며 그 영예가 추종자들에게 돌아가는 것을 보는 것으로 만족한다. 사람들은 대부분 오직 돈만 바라는 것이 아니라 칭찬과 인정을 받기 위해 더 열심히 일한다.

7. 무절제. 추종자들은 절제를 모르는 지도자를 존경하지 않는다. 술, 마약, 섹스 등 어떤 형태의 무절제함도 그것에 탐닉하는 사람들의 인내와 활력을 파괴한다.

8. 불충함. 아마도 이것이 목록의 맨 앞에 놓여야 할지 모른다. 상사와 부하 직원 모두를 포함한 동료들에게 충성스럽지 않거나 신뢰할 수 없는 리더는 그 지위를 오래 유지할 수 없다. 불충한 사람은 경멸스러운 사람으로 치부된다. 충성심의 결여는 우리가 추구하는 모든 삶의 방식에서 실패를 초래하는 주요 원인 중 하나다.

9. '권위'에 집착하는 태도. 유능한 리더는 추종자들에게 두려움을 심어 주려 하지 않고 그들을 격려하며 이끈다. 추종자들에게 '권위'를 강조하는 리더는 '힘으로 군림하는 리

더' 범주에 속한다. 진정한 리더라면 공감 능력과 이해심, 공정함과 자신의 업무를 숙지하고 있음을 보여 주는 것 말고는 리더라는 사실을 스스로 과시할 필요가 없다.

10. 호칭에 대한 집착. 유능한 리더는 추종자들의 존경을 받기 위한 '호칭'이 필요하지 않다. 위신 세우기에 너무 집착하는 리더는 그것 말고는 내세울 업적이 거의 없다. 진정한 지도자의 집무실 문은 모든 사람에게 열려 있으며, 집무실이 지나치게 화려하거나 과시적이지 않다.

 핵심 포인트

- 체계화된 계획을 수립하기 위한 조력자 집단을 결성하라.
- 경험과 교육, 타고난 능력, 상상력으로 당신의 자산을 보완(복제하는 것이 아님)하는 타인들을 식별하여 조력자 집단을 만들고 유지하라. 그들에게 협력의 대가로 무엇을 제공할 것인지 정하여 정기적으로, 적어도 일주

일에 두 번 이상 모이고, 집단 내에서 불협화음이 없도록 하라.

- 첫 번째 계획이 성공적으로 작동하지 않으면 효과적으로 작동하는 새로운 계획을 찾을 때까지 계속 수정하라.
- 아무리 똑똑한 사람이라도 실용적이고 실행 가능한 계획 없이는 돈을 모으는 것은 물론 다른 어떤 사업에도 성공할 수 없다.
- 합리적인 계획이 없으면 당신은 훌륭한 업적을 쌓을 수 없다.
- 수없이 많은 사람들이 부를 축적할 수 있는 구체적인 계획이 없는 까닭에 비참하고 빈곤한 삶을 살고 있다.
- 리더십 실패의 10가지 주요 원인: 주도면밀하지 못함, 하찮은 일을 하려 하지 않음, 업무 능력보다 '지식'을 앞세움, 추종자와의 경쟁에 대한 두려움, 창의력 부족, 이기심, 무절제함, 불충함, 지나친 '권위' 강조, 호칭에 대한 집착. 이러한 결함 가운데 하나라도 실패를 유발하기에 충분하다.

NAPOLEON HILL

7장

부에 이르는 제7원칙

THINK AND GROW RICH
FOR THE MODERN READER

결단성

부에 이르는 13가지 원칙

1. 열망
2. 신념
3. 자기암시
4. 전문 지식
5. 상상력
6. 체계적인 계획
7. 결단성
8. 끈기
9. 조력자 집단
10. 성 에너지의 미스터리
11. 잠재의식
12. 두뇌
13. 육감六感

부에 이르는 제7원칙

결단성

의사 결정은 결단력 부족을 극복하는 것이다

실패를 경험한 25,000명 이상의 남녀를 면밀하게 분석한 결과, 결단력 부족이 실패의 30가지 주요 원인을 나열한 목록에서 최상위에 자리 잡고 있었다. 이는 단순한 이론적 표현이 아니라 명확한 사실이다.

'과감한 의사 결정'의 반대 개념인 '결단력 부족'은 거의 모든 인간이 정복해야 하는 공동의 적이다.

이 책을 다 읽고 나서 배운 원리를 행동으로 옮길 준비가 되면, 빠르고 명쾌한 결정에 도달하는 능력을 테스트할 기회가 있을 것이다.

결정은 빠르고 확실하게 내리고 천천히 바꾸는 습관을 들이라

수억 달러가 훨씬 넘는 막대한 부를 축적한 사람들을 분석한 결과, 결정을 빨리 내리고, 결정을 바꿔야 할 때는 천천히 하는 습관이 있었다는 사실이 밝혀졌다.

돈을 모으지 못하는 사람들은, 예외 없이 결정을 내리는 데는 매우 느리면서도 그 결정을 빠르게 자주 바꾸는 습관이 있다.

헨리 포드는 의사 결정을 빠르고 확실하게 하고 천천히 변경하는 데 뛰어났다. 너무도 확연했기 때문에 완고하다는 평판마저 들을 정도였다. 포드는 모든 참모들과 많은 자동차 구매자들이 모델 변경을 촉구했지만 그 유명한 Model 'T'를 계속 생산했다.

그가 변경을 너무 오래 지연시켰을 수도 있지만, 한편으로는 이러한 포드의 확고한 결정이 실제로 모델을 변경할 때까지 그에게 막대한 부를 안겨 주었다. 이 같은 의사 결정 습관 탓에 그가 완고하다는 평판을 얻은 것은 의심의 여지가 없지만, 반대로 의사 결정은 느리면서 변경은 빠른 것보다 낫다.

필요한 만큼 충분히 벌지 못하는 수많은 사람들은 보통 남들의 '의견'에 쉽게 영향을 받는다. 신문과 '수다스러운' 이웃이 그들의 '생각'을 흔들어 댄다. 남의 의견은 쉽게 얻을 수 있다. 자신의 말을 잘 따르는 사람에게 던질 수 있는 잔소리는 무척 많으니까. 그러나 의사를 결정할 때 타인의 의견에 영향을 받는다면 어떤 일에도 성공할 수 없다. 하물며 자신의 열망을 돈으로 바꾸는 일은 더욱 성공하지 못할 것이다.

다른 사람의 의견에 영향을 받는다면 자신만의 열망이 없는 것이다.

이 책에 서술된 원리들을 실행하기 시작할 때 스스로 결정을 내리고 따르라. 조력자 집단의 구성원들 말고는 아무도 신뢰하지 마라. 그리고 이 그룹을 선택할 때는 반드시 당신의 목적과 완전히 일치하여 조화를 이룰 사람들만 선택하라.

친한 친구와 친척들이 본의가 아닐지 모를 참견으로 방해하고, 때로는 농담 같은 투로 조롱한다. 그 결과 수많은 사람들이 평생토록 열등감을 가지고 산다. 선의에서 나왔겠지만, 사업 내용이나 추구하는 바를 잘 모르는 타인들이 쓸데없는 참견이나 조롱으로 그들의 자신감을 파괴했기 때문이다.

사람은 누구나 자신만의 두뇌와 마음이 있다. 그것을 활용하여 스스로 의사를 결정하라. 대부분의 경우 그렇겠지만, 결정을 내리기 위해 다른 사람에게서 사실이나 정보를 얻어야 한다면, 그 목적을 밝히지 말고 조용히 확보하라.

얄팍한 지식밖에 없는 사람들일수록 아는 것이 많다는 인상을 남기고 싶어 한다. 그런 사람들은 일반적으로 너무 말이 많고 남의 말은 들으려 하지 않는다. 즉각적인 의사 결정 습관을 기르고 싶다면, 눈과 귀를 크게 여는 대신 입을 다물고 있어야 한다. 말을 너무 많이 하는 사람은 실천하지 않는다. 듣는 것보다 더 말을 많이 하면 유익한 지식을 쌓을 수 있는 수많은 기회를 놓칠 뿐만 아니라, 당신을 질투해서 당신을 이기고 기뻐할 사람들에게 당신의 계획과 목적을 노출하게 된다.

의사 결정의 가치는
그것을 내리는 데 필요한 용기에 달려 있다

문명의 토대가 된 역사적 결정은 종종 죽음을 무릅쓴 큰 위험을 감수하고 이루어졌다.

에이브러햄 링컨Abraham Lincoln은 수많은 친구와 지지자들이 등을 돌릴 것이라는 점을 충분히 알면서도 저 유명한 노예해방선언을 발표하기로 했다. 그는 선언문을 발표하면 전쟁터에서 수많은 사람들이 죽게 될 것을 알고 있었고, 결국 스스로도 목숨을 잃었다. 그만큼 용기가 필요했던 일이었다.

소크라테스Socrates가 신념을 꺾고 타협하기보다 독배를 마시기로 한 결정 또한 진정 용기 있는 것이었고, 수천 년을 이어져 후세의 사람들이 사상과 표현의 자유를 누리게 해주었다.

그러나 미국 역사상 가장 위대한 결정은 1776년 7월 4일 필라델피아에서 내려졌다. 56명의 남자들이 미국인들에게 자유를 가져다주거나 아니면 그들 모두 교수형을 당하리라는 것을 잘 알면서도 독립선언서에 서명했다.

독립선언으로 이어진 사건들을 분석해 보면, 현재 세계 모든 국가들 사이에서 존중받으면서 지배적인 위치를 차지하고 있는 이 나라가 당시 56명으로 구성된 조력자 집단이 내린 의사 결정으로 탄생했다는 것을 확인하게 될 것이다.

조지 워싱턴 부대의 성공을 확고히 한 것은 그들의 의사 결정이었다는 사실에 주목하라. 결코 패배하지 않으리라는 영적인 믿음이 워싱턴과 함께 싸운 모든 군인들의 마음속에 있었다.

아울러 미국에 자유를 가져다준 힘은 개인이 스스로 결정하는 힘과 똑같은 힘이라는 점에 유의하라. 이 힘은 이 책에서 설명하는 원리로 구성된다. 독립선언서 이야기에서 이 원리 중 최소한 6가지 즉 열망, 결단, 신념, 끈기, 조력자 집단, 체계적 계획을 발견하는 것은 어렵지 않다.

이 책에 담긴 성공 철학 전반에 걸쳐, 강한 열망은 물리적 등가물로 변환되는 경향이 있다는 암시를 찾을 수 있다. 이야기를 더 전개하기에 앞서, 생각이 이 놀라운 변화를 일으키는 방법에 대한 완벽한 설명을 미국 건국 이야기에서 찾을 수 있다는 암시를 남기고 싶다. 그러나 그 방법의 비밀을 찾으려 할 때 기적을 기대하지는 마라. 찾을 수 없기 때문이다. 당신은 불변하는 대자연의 영원한 법칙만을 발견할 수 있다. 이 법칙은 그것을 활용할 신념과 용기가 있는 모든 사람에게 열려 있다. 독립운동을 하든 부를 축적하든 관계없이 모든 분야에서 사용할 수 있다. 이 법칙은 그것을 이해하고 적용하는 데 시간이 좀 들 뿐 무료다.

신속 정확하게 의사 결정을 하는 사람들은 자신이 바라는 바를 확실히 알고, 대개는 그것을 얻는다. 각계각층의 지도자들은 빠르고 단호하게 결정하며, 그것이 그들이 리더가 된 주된 배경이다. 세상은 스스로 어디로 가고 있는지 알고 그것을 말과 행동으로 보여주는 사람들을 위해 자리를 마련하는 경향이 있다.

신속 정확한 의사 결정을 내리는 사람들은 대개 바라는 바를 얻는다

우유부단은 보통 유년 시절에 시작되는 습관이다. 뚜렷한 목적을 찾지 못하면 그 습관은 초등학교, 중고등학교, 심지어 대학교까지 가서도 계속된다. 명확한 결정을 내리는 습관을 가르치거나 권장하지 않는다는 것이 모든 교육 시스템의 중요한 약점이다.

현실적으로 쉬운 일은 아니지만 지원자가 대학에 입학하려는 목적을 명시하지 않을 경우 입학을 허용하지 않는다면 사정은 나아질 것이다. 이렇게 하면 모든 학생이 의사 결정 습관을 훈련해야 한다. 상급 학교로 진학하기 전에 이 관문을 통과해야 한다면 훨씬 더 큰 도움이 될 것이다.

교육 시스템의 결함에서 비롯한 우유부단한 습관은 직장에 가서도 계속된다. 그가 실제로 직업을 선택한다고 하더라도 말이다. 일반적으로 학교를 갓 졸업한 청소년들은 가장 먼저 찾은 일자리를 선택하여 취직한다. 오늘날 취업한 100명 중 98명이 현재의 직장에 근무하게 된 이유는, 바라는 자리를 찾기 위한 명확한 의사 결정이나 직장을 선택하는 방법에 대한 지식이 부족했기 때문이라고 나는 감히 말한다.

확고한 의사 결정을 내리려면 언제나 용기, 때로는 매우 큰 용기가 필요하다. 독립선언서에 서명한 56명은 그 결정에 목숨을 걸었다. 이에 비해 특정 직업을 스스로 찾아 일하겠다는 확실한 결정에 도달한 사람은 그 결정에 목숨을 걸 필요가 없다. 다만 그가 바라는 경제적 자유가 어느 정도인가 하는 판단이 관건일 따름이다.

재정적 독립과 자산, 바라는 직업을 확실히 예측, 계획하고 추구하는 데 준비를 소홀히 하는 사람들은 아무것도 얻지 못한다. 새뮤얼 애덤스Samuel Adams*가 식민지의 자유를 원했던 것과 같은 정신으로 부를 갈망하는 사람들만 마침내 부를 축적할 수 있다.

당신을 기죽게 하는 실패의 원인 30가지

1. 불리한 유전적 배경. 지적 능력이 결핍된 상태로 태어난 사람들이 할 수 있는 일은 거의 없다. 이 책에서는 이 약점을 메우는 한 가지 방법, 즉 조력자 집단을 통한 학습을 제안한다. 하지만 이 약점은 쉽게 고칠 수 없는 30가지 실패 원인 중 유일한 하나라는 점에 유의하라.

2. 명확하지 않은 인생 설계. 추구하는 명확한 목표가 없는 사람에게는 성공의 희망이 없다. 분석에 따르면, 100명 중 98명은 추구할 목표가 없었고, 아마도 이것이 실패의 주

---

* 역주) 새뮤얼 애덤스(1722~1803)는 미국 건국의 아버지들 중 한 사람으로, 독립전쟁에 매우 적극적으로 참여하였다. 독립전쟁 당시 명연설로 식민지인들에게 독립 의지를 일깨우는 데 크게 기여하였다.

요 원인이었을 것이다.

3. 평범함을 거부하는 야망의 부족. 될 대로 되라는 식이어서 인생에서 앞서 나가려는 의지가 없거나, 기꺼이 필요한 노력을 하겠다는 의지가 없는 사람들은 가망이 없다.

4. 불충분한 교육. 비교적 쉽게 극복할 수 있는 약점이다. 경험에 따르면 교육을 가장 잘 받았다고 여겨지는 사람들이 종종 '독학자獨學者'일 때가 있다. 교육받은 사람이 되려면 대학 학위 이상이 필요하다. 교육을 잘 받은 사람은 무엇이든 인생에서 바라는 것을 다른 사람의 권리를 침해하지 않고 얻는 법을 배운다. 진정한 교육은 단순히 많은 지식이 아니라 효과적이고 지속적으로 적용할 수 있는 지식을 추구한다. 사람들은 자신이 알고 있는 지식 자체보다는 그 지식으로 무엇을 하느냐에 따라 보수를 받는다.

5. 자제력 부족. 절제는 자제를 통해 얻을 수 있다. 이것은 모든 부정적인 자질을 통제해야 함을 의미한다. 주변 환경을 탓하기보다 먼저 자신을 통제해야 한다. 자아의 완성은 인간이 감당해야 할 가장 어려운 과제다. 자아를 통제하지

못하면 나약한 스스로에게 정복당한다. 거울 앞에 서면 가장 훌륭한 우군과 가장 큰 적을 동시에 볼 수 있다.

6. 병약함. 건강하지 못하면 아무도 두드러진 성공을 누릴 수 없다. 수많은 질병의 원인을 조절하고 치유해야 한다. 질병의 주요 원인은 대략 다음과 같다.

- 과식
- 잘못된 사고 습관(부정적인 사고방식)
- 난잡한 성생활
- 운동 부족
- 잘못된 호흡에 따른 신선한 공기 공급 부족.

7. 불우한 어린 시절. '가지가 구부러지면, 나무도 굽어진다.' 범죄 성향이 있는 사람들은 대부분 어린 시절 나쁜 환경과 부적절한 교우관계를 겪었다.

8. 미루는 습관. 의사 결정을 미루는 것은 실패의 가장 흔한 원인 중 하나다. '늙은이처럼 꾸물대는Old Man Procrastination' 성향은 모든 인간의 내면에 자리 잡아 성공의 확률을 낮춘

다. 우리 대부분은 가치 있는 일을 시작할 '적절한 때'를 하염없이 기다리다 실패한 인생으로 살아간다. 기다리지 마시라. '이때다 싶은' 시간은 결코 오지 않는다. 현재 위치에서 시작하고, 당신이 활용할 수 있는 모든 수단을 써서 일하라. 더 나은 수단은 일을 진행하면서 계속 찾을 수 있다.

9. 끈기 부족. 우리들 대부분은 '시작'은 훌륭하지만 '용두사미'로 마무리한다. 그리고, 패배의 첫 징후에 쉽사리 포기한다. 끈기를 대신할 수 있는 것은 없다. 끈기를 자신의 키워드로 삼는 사람은 마침내 마음속에 도사리고 있는 '실패를 기다리는 늙은이 심보Old Man Failure'가 지쳐서 떠나는 것을 발견한다. 실패는 끈기를 당해낼 수 없다.

10. 부정적인 성향. 부정적인 성격으로 타인들을 외면하는 사람에게는 성공의 희망이 없다. 성공은 힘을 행사해야 얻을 수 있고 그 힘은 타인과의 협력을 통해 얻는다. 부정적인 사람은 남의 협력을 얻기 힘들다.

11. 무절제한 성적 충동. 성적 욕구는 모든 충동 중 가장 강력하다. 가장 강력한 감정이기 때문에 적절히 통제해야 하

고 다른 행동으로 변환되어야 한다.

12. 헛된 '일확천금' 기대. 도박 심리는 수많은 사람들을 실패로 몰아간다. 지금도 일어나고 있는 갖가지 사건들이나 수백만 명의 사람들이 주가 차익에 눈이 멀어 투기에 뛰어들었던 1929년 월스트리트 붕괴에 대한 연구 사례가 그것을 입증한다.

13. 결단력 부족. 성공한 사람들은 즉시 결정하고, 변경해야 하더라도 매우 천천히 바꾼다. 반대로 실패하는 사람들은 결정은 매우 느리게 하지만, 자주 신속하게 변경한다. 우유부단과 뒤로 미루기는 쌍둥이와 같다. 실패의 쳇바퀴에서 헤어 나오려면 이 쌍둥이를 버려야 한다.

14. 여섯 가지 기본적 공포. 이 공포는 14장에서 자세히 분석한다. 당신의 서비스를 남들에게 효과적으로 제공하려면 먼저 이러한 두려움을 극복해야 한다.

15. 잘못된 배우자 선택. 가장 일반적인 실패의 원인 중 하나다. 결혼은 두 사람을 친밀하게 연결시키지만 이 관계

가 조화롭지 못하면 실패할 가능성이 높다. 나아가, 그 실패는 비참한 불행을 초래하고, 모든 야망의 가능성을 무너뜨린다.

16. 노심초사. 아무것도 시도하지 않는 사람은 일반적으로 다른 사람들이 다 가져가고 남은 것만을 취해야 한다. 지나친 우려는 방심하는 것만큼 나쁜, 극히 경계해야 할 성향이다. 인생에는 흘려버리면 안 될 기회가 많다.

17. 잘못된 동료의 선택. 사업 실패의 가장 흔한 원인 중 하나다. 직장을 선택할 때는 영감을 주고 지적이고 성공적인 고용주를 찾는 데 세심한 주의를 기울여야 한다. 인간은 가장 밀접하게 교류하는 사람들을 모방하게 된다. 본받을 가치가 있는 고용주를 선택하라.

18. 미신과 편견. 미신은 두려움의 또 다른 모습이고 무지의 소산이다. 성공한 사람들은 열린 마음을 유지하며 아무것도 두려워하지 않는다.

19. 잘못된 직업 선택. 하기 싫은 일을 하는 사람은 그 누

구도 성공할 수 없다. 당신의 능력을 알리는 데 가장 필수적인 것은 완전히 몰두할 수 있는 직업을 선택하는 것이다.

20. 노력 집중 부족. '팔방미인'이란 어느 것 하나 잘하는 게 없다는 뜻이기도 하다. 확실한 한 가지 목표에 당신의 모든 노력을 집중하라.

21. 무분별한 소비 습관. 낭비하는 사람은 결국에는 빈곤의 문턱에 서게 되기 때문에 성공할 수 없다. 소득의 일정 비율을 따로 떼어 놓는 체계적인 저축 습관을 갖도록 하라. 은행 계좌에 있는 예금은 거래를 협상할 때 매우 든든한 심리적 안전판이 되어 준다. 수중에 돈이 없으면 상대가 제시하는 악조건을 감수해야 한다.

22. 열정 부족. 열정 없이는 남을 설득할 수 없다. 더욱이 열정은 전염성이 있어서 열정을 간직하면서도 잘 다스리는 사람은 일반적으로 모든 그룹의 구성원에게 환영받는다.

23. 편협. 어떤 주제에 대해 '꽉 막힌' 사람은 좀처럼 앞서 나가지 못한다. 편협함은 그 사람이 배우기를 멈추었음을

의미한다. 종교적, 인종적, 정치적 견해 차이와 관련한 편협
함이 가장 해롭다.

24. 무절제. 가장 해로운 무절제는 과음, 과식과 과도한
성행위 등이다. 지나친 탐닉은 성공에 치명적이다.

25. 협동 정신 부재. 여기 열거한 다른 모든 이유를 합친
것보다 큰 실패의 원인. 남들과 협력할 수 없는 기질 때문에
직장과 인생에서 중요한 기회를 잃게 된다. 현명한 사업가나
리더는 결코 용납하지 않을 잘못이다.

26. 스스로의 노력으로 얻지 않은 힘. 부유한 부모의 자녀
들 또는 스스로 벌지 않은 돈을 상속받은 사람들처럼 자신
의 노력을 통해 얻지 않은 재물이나 권력은 종종 성공에 치
명적이다. 벼락부자가 되는 것이 가난보다 더 위험하다.

27. 의도적인 부정직. 정직을 대신할 수 있는 것은 없다.
사람은 스스로 통제할 수 없는 상황에서 일시적으로 정직하
지 못하게 처신할 때가 있지만, 스스로의 판단으로 부정직
함을 선택한 사람은 가망이 없다. 조만간 발각될 것이니 평

판을 잃거나, 심지어는 감옥에 갇히는 신세가 될 것이다.

28. 이기주의와 허영심. 이 두 가지 특성은 다른 사람들에게 자신을 멀리하라고 경고하는 빨간 신호등이다. 성공에 치명적이다.

29. 심사숙고 대신 어림짐작. 사람들은 대부분 정확하게 판단하기 위해 사실을 수집하는 데는 너무 무관심하거나 게으르다. 그런 탓에 어림짐작이나 성급한 판단에 따른 의견을 좇아 행동하기를 더 좋아한다.

30. 자본 부족. 일시적 실수로 인한 충격을 흡수하고, 좋은 평판을 쌓을 때까지 버티기에 충분한 자금을 준비하지 않고 사업을 시작하면 실패하는 게 당연하다.

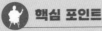 **핵심 포인트**

- 명쾌한 의사 결정의 반대 개념인 결단력 부족은 거의 모든 인간이 극복해야 할 공동의 적이다.
- 백만장자 수백 명을 분석한 결과, 그들 모두 결정은 즉시 내리고 천천히 바꾸는 습관을 가지고 있는 것으로 나타났다.
- 필요한 만큼 부를 쌓지 못하는 대다수 사람들은 일반적으로 다른 사람들의 의견에 쉽게 영향을 받는다.
- 남의 의견은 세상에서 가장 얻기 쉬운 저급한 상품이다. 자신의 말을 쉽게 따르는 사람에게 던질 수 있는 잔소리는 매우 많다. 조력자 집단의 조언만 받아들이도록 하라.
- 다른 사람의 의견에 휘둘린다면 당신은 자신만의 열망이 없는 셈이다.
- 당신은 자신만의 두뇌와 생각을 가지고 있다. 그것을 사용하여 스스로 결정을 내려라.
- 즉각적인 결정을 내리는 습관을 기르고 싶다면 눈과 귀는 열고 입은 닫아라.
- 의사 결정의 가치는 종종 결정을 내리는 데 필요한 용

기이다. 문명의 토대가 되는 위대한 결정은 때때로 죽음까지도 불사하는 큰 위험을 감수하고 이루어졌다.

- 재정적 독립, 부, 바람직한 직업 선택을 확실히 예측하고 계획하거나 준비를 하지 않거나 소홀히 하는 사람들은 아무것도 얻지 못할 것이다.
- 실패의 주요 원인은 30가지가 있다. 이 가운데 어느 것이 당신의 성공을 가로막고 있는지 파악하라.

8장

부에 이르는
제8원칙

THINK AND GROW RICH
FOR THE MODERN READER

끈기

부에 이르는 13가지 원칙

부에 이르는 제8원칙

끈기

**끈기란 신념을 끌어오는 데 필요한
지속적인 노력이다**

끈기는 열망을 금전적 등가물로 바꾸는 과정에서 필수적인 요소로, 그 근본은 해내고야 말겠다는 의지력이다.

의지력과 열망이 적절하게 결합하면 무적의 무기가 된다. 큰 부를 축적한 사람들은 종종 냉혈한, 때로는 무자비한 사람으로 묘사될 정도로 오해를 받는다. 그들이 가진 것은 의지력인데, 이 의지력은 끈기와 결부되어 확실한 목표를 달성하고자 하는 열망을 강화한다.

헨리 포드를 흔히 피도 눈물도 없는 무자비한 사람이라고들 하는데, 이 오해는 포드가 수립한 모든 계획을 끈기 있게 수행하는 습관에서 비롯되었다. 사람들은 보통 자신의 목표와 목적을 쉽게 잊으며, 반대에 부딪히거나 불운이 닥치는 첫 징후에 쉽게 포기한다. 소수의 사람들만 모두의 반대에도 불구하고 목표를 달성할 때까지 계속 나아간다. 이들이 바로 포드나 카네기, 록펠러John Davison Rockefeller와 에디슨을 비롯해, 오늘날 성공한 사람들이다.

'끈기'라는 단어에 대단한 의미는 없지만, 탄소가 강철에 필수 요소인 것처럼 이 끈기야말로 성공한 사람들의 중요한 자질 중 하나다. 부를 쌓고자 하면 대체로 이 책에서 서술하는 철학의 13가지 원칙 전체를 실천해야 한다. 그것들을 완전히 이해해야 하고, 끈기 있게 밀고 나가야 한다.

이 책의 지침들을 실천할 의도로 이 책을 읽어가고 있다면, 제1장에서 설명한 여섯 원칙을 실행에 옮길 때 당신의 끈기를 시험하는 첫 번째 시험대에 오르게 된다. 추구하는 명확한 목표와 달성을 위한 확고한 계획을 지닌 극소수의 사람이 아니라면, 이 지침들을 읽고도 따르지 않아 일상생활에 파묻혀 버릴 것이다.

끈기 부족의 해결은 열망의 강도에 달려 있다

끈기 부족은 실패의 주요 원인 중 하나다. 수천 명 사람들과 접촉한 경험을 통해서 우리는 끈기 부족이 대다수 사람들에게 공통적인 약점이라는 것을 입증할 수 있었다. 하지만 그것은 노력으로 극복할 수 있는 약점이다. 끈기 부족을 얼마나 쉽게 극복할 수 있는지 물음에 대한 답은 오로지 당신의 열망이 얼마나 강한가에 달려 있다.

모든 성취의 출발점은 열망이라는 점을 항상 염두에 두라. 조그만 불은 작은 열기밖에 내지 못하듯, 열망이 약하면 거둘 수 있는 성과도 미약하다. 스스로 끈기가 부족하다고 느끼면, 당신의 열망에 더 강한 불을 지펴서 이 약점을 보완할 수 있다.

이 책을 계속해서 끝까지 읽은 다음, 다시 1장으로 돌아가서 열망을 부로 바꾸는 6원칙과 관련하여 제시한 지침들을 이행하기 시작하라. 그 지침을 따르는 열망의 강도가 당신이 실제로 돈을 얼마나 많이, 또는 얼마나 적게 모으기를 바라는지를 분명히 알려줄 것이다. 만일 별로 관심이 없다면, 재산을 모으기 전에 반드시 지녀야 할 '부에 대한 자각

money consciousness'을 아직 갖추지 못한 것이 확실하다.

강물이 바다로 흘러가듯, 부는 '끌어모을' 준비가 되어 있는 사람들에게 흘러간다. 이 책에 담긴 성공 철학에서, 당신의 평범한 마음을 열망의 대상을 끌어당기는 주파수로 맞추는 데에 필요한 모든 자극을 찾을 수 있다.

당신이 끈기가 부족하다는 것을 깨달았다면, 다음 9장에 담겨 있는, 조력자 집단의 힘에 초점을 맞춘 지침에 주의를 집중하라. 조력자 집단을 구성하고, 그 일원이 되어라. 그 구성원들과 협력해서 끈기를 키울 수 있다. 3장의 자기암시와 11장의 잠재의식을 다룬 장에서는 끈기 부족을 극복하는 데 필요한 지침이 추가되어 있으니, 그를 참고하여 열망의 대상에 대한 명확한 그림을 당신의 잠재의식에 각인시키는 습관을 들이도록 하라. 그 순간부터 당신은 끈기 부족에 시달리는 일을 겪지 않게 될 것이다.

잠재의식은 깨어 있든 잠들어 있든 상관없이 계속해서 작동한다. 그 지침들을 지속적으로 따르지 않으면 아무 소용이 없다. 결과를 얻으려면 실천하는 것이 몸에 밸 때까지 그 지침들을 따라야 한다. 다른 방법으로는 부에 대한 자각을 개발할 수 없다.

끈기가 없으면 시작하기도 전에 실패한다
끈기가 있어야 성공한다

돈을 끌어모으겠다는 마음의 준비가 되어 있는 사람에게 돈이 다가가듯, 빈곤함은 가난해도 상관없다는 사람들을 향한다. 부를 집요하게 의식하지 않는 사람들은 자연스레 빈곤 의식에 젖어 들 것이다. 빈곤 의식은 의식하지 못하는 사이에 배어든다. 돈에 대한 자각을 처음부터 가지고 태어나지 않았다면 의도적으로 길러야 한다.

앞 단락의 의미를 완벽하게 파악하면 부를 축적하는 데 끈기가 얼마나 중요한지 이해하게 될 것이다. 끈기가 없으면 시작하기도 전에 패배하게 된다. 반드시 끈기가 있어야, 성공한다.

가위에 눌려본 적이 있다면 끈기의 가치를 깨닫게 될 것이다. 거의 질식하여 죽을 듯한 느낌으로, 반쯤 깬 채 침대에 누워 있지만 손끝 하나 까딱거릴 수 없다. 서서히 의식이 밝아오면서 근육에 대한 통제력을 되찾아야 한다는 것을 깨닫고, 끈질긴 의지를 발휘해야 마침내 손가락 하나쯤을 겨우 움직일 수 있다. 계속해서 손가락을 움직이다 보면 이윽고

한쪽 팔을 들어 올릴 수 있을 정도로 근육에 대한 통제력을 확장할 수 있고, 같은 방식으로 다른 쪽 팔도 제어할 수 있다. 다음으로, 한쪽 다리의 근육을 제어할 수 있게 되고 나서 다른 쪽 다리로 확장한다. 그렇게, 비상한 의지력으로 근육 시스템을 완전히 제어하면서 마침내 악몽에서 벗어날 수 있다. 이 과정은 서서히 진행된다.

비슷한 방식으로, 당신은 정신적 타성에서 벗어나야 한다. 서서히 시작해서 당신의 의지를 완전히 제어할 수 있을 때까지 천천히 속도를 높인다. 비록 그 진전의 속도가 느리더라도 끈기 있게 행동해야 하고, 끈기가 있어야 성공이 다가온다.

끈기를 대체할 수 있는 것은 아무것도 없다

당신의 조력자 집단을 신중하게 살펴본다면, 끈기 개발에 도움을 줄 사람이 적어도 하나쯤은 있을 것이다. 큰 부를 축적한 사람들의 일부는 자신의 절박한 필요에 따라 그렇게 했다. 그들은 불가피한 환경에 처해 있었기 때문에, 끈기 있게 버티는 습관을 키웠다.

끈기를 대신할 수 있는 것은 아무것도 없다! 다른 자질로 대체할 수 없다! 이것을 기억하면, 특히 일을 처음 시작해 막막하게 느껴질 때 큰 힘이 될 것이다.

끈기의 습관을 키운 사람은 실패에 대비한 보험을 지닌 셈이어서, 몇 번씩 실패해도 마침내 사다리의 꼭대기에 도달한다. 때때로 갖가지 실망스러운 경험을 지닌 사람들을 시험하는 임무를 맡은, 비밀스런 길라잡이hidden Guide가 있는 듯 보이기도 한다. 패배 후에도 다시 일어나 계속 완주하려고 노력하는 사람들에게 사람들은 "좋아, 잘하고 있어! 난 네가 할 수 있다는 걸 알고 있어!"라고 환호를 보낸다. 그 은밀한 길라잡이는 누구라도 끈기 테스트를 통과하지 않고는 위대한 성취를 누리도록 허용하지 않는다. 끈기 테스트를 치르지 않는 사람들은 점수를 얻을 수 없다.

테스트를 '받아들일' 수 있는 사람들은 끈기에 따른 흡족한 보상을 받는다. 그들은 추구하는 목표가 무엇이든 성취한다. 하지만 그게 다가 아니다! 물질적 보상보다 훨씬 더 중요한 것, 즉 '실패는 성공의 어머니'라는 깨달음을 얻게 된다.

- 끈기의 기초는 의지력이다.
- 사람들은 보통 자신의 목표와 목적을 쉽게 잊으며, 반대에 부딪히거나 불운이 닥치는 첫 징후에 쉽게 포기한다.
- 끈기 부족은 실패의 주요 원인 중 하나다.
- 이 성공 철학이 제시하는 모든 지침들을 끈기 있게 지속적으로 추구해야 한다.
- 스스로 끈기가 부족하다고 생각한다면, 추구하는 열망에 더욱 강한 불을 지펴야 이 약점을 보완할 수 있다.
- 끈기가 없으면 시작하기도 전에 패배하게 된다. 끈기가 있어야 승리한다.
- 끈기의 습관을 기르는 사람은 실패를 만회할 보험의 혜택을 누린다.

NAPOLEON HILL

9장

부에 이르는
제9원칙

THINK AND GROW RICH
FOR THE MODERN READER

조력자 집단

부에 이르는 13가지 원칙

부에 이르는 제9원칙

조력자 집단

조력자 집단의 원리가 성공의 원동력이 된다

조력자 집단이란 '두 명 이상의 사람들이 명확한 목적을 달성하기 위해 화합의 정신으로 지식과 노력을 합치는 집단'으로 정의를 내릴 수 있다.

큰 힘을 가지려면 조력자 집단의 원리를 이용해야 한다. 앞 장에서 열망을 금전적 등가물로 변환할 목적으로 계획을 세울 때의 지침에 대해 설명했다. 끈기 있고 지혜롭게 이 지침들을 수행하고, 조력자 집단의 구성원을 선별하는 안목을 발휘하면, 이미 목표에 반쯤 도달한 셈이다.

조력자 집단의 원리에는 경제적인 것과 정신적인 것 두 가지 특징이 있다

적절하게 구성된 조력자 집단을 통해 취할 수 있는 '무형의 힘'이 지닌 잠재력을 더 잘 이해할 수 있도록, 여기에서 조력자 집단 원리의 두 가지 특성을 설명한다. 그중 하나는 본질적으로 경제적인 측면이고 다른 하나는 정신적인 측면이다.

경제적인 특징은 분명하다. 불협화음 없는 완전한 화합의 정신으로, 당신을 전심전력으로 도와주려는 집단의 조언과 충고를 취하고 구성원 모두의 협력을 얻으면 경제적 이득을 얻을 수 있다. 이러한 형태의 협력적 동맹이 거부들이 큰 재산을 이룬 토대가 되었다. 이 위대한 진리를 이해하면 당신의 재정 상태가 확고해질 것이다.

정신적 측면은 우리가 잘 알지 못하는 영적 힘을 언급해야 하기 때문에 상당히 추상적이고 이해하기도 매우 어렵다. 다만 다음 문장에서 중요한 암시를 찾을 수 있다. "두 사람의 마음이 합쳐지면 세 번째 마음으로 비유할 수 있는, 눈에 보이지 않는 제3의 힘이 생성된다."

우주 전체에는 에너지와 물질이라는 두 가지 알려진 요소만 있다는 사실을 명심하라. 물질이 분자, 원자와 전자의 단위로 분해될 수 있다는 것은 잘 알려진 사실이다. 분리하고 격리하여 분석할 수 있는 물질의 단위가 있고, 에너지 단위도 마찬가지다.

인간의 마음은 에너지의 한 형태이며 그 일부는 본질적으로 영적이다. 두 사람의 마음이 조화의 정신으로 협력할 때, 각자의 정신적 에너지는 친화력을 형성하여 주술적 차원에서 조력자 집단의 힘을 발휘한다.

조력자 집단의 원리를 통해
큰 힘과 성공을 축적할 수 있다

조력자 집단의 원리, 특히 경제적 특징의 원리는 앤드루 카네기가 처음으로 주창해서 나의 관심사가 되었다. 이 원리를 발견한 후, 나는 그것의 규명을 필생의 직업으로 선택하게 되었다.

카네기는 철강의 제조와 판매라는 확실한 사업 목적을 달성하기 위해 약 50명의 주변 인물을 모아서 조력자 집단을 결성하였다. 카네기는 이 조력자 집단을 통해 축적한 힘 덕분으로 막대한 재산을 모았다고 말했다.

막대한 재산을 모은 사람이나 그에 못지않게 상당한 재산을 모은 사람들의 기록을 분석해 보면 의식적이든 무의식적이든 조력자 집단의 원리를 사용했다는 것을 알게 된다.

함께 어울리면서 공감하고 교류하는 사람들은 서로 본성과 습관, 사고력을 공유한다

에너지는 대자연의 구성 요소로서, 인간을 포함한 우주의 모든 물질적 요소와 모든 형태의 동식물을 생성한다. 대자연만이 온전하게 알고 있는 과정을 통해 에너지는 물질로 변환된다. 대자연의 구성 요소들은 인간이 활용할 수 있는 에너지로서, 사고 작용까지 포함한다. 사람의 두뇌는 전기 배터리에 비유할 수 있다. 그것은 물질의 모든 원자에 스며들어 우주 전체를 채우는 에테르로부터 에너지를 흡수한다.

배터리를 직렬로 연결하면 배터리 하나보다 더 많은 에너지를 제공한다는 것은 잘 알려진 사실이다. 아울러 개별 배터리는 그것에 포함된 셀의 수와 용량에 비례하는 양의 에너지를 제공한다는 사실도 잘 알려져 있다.

인간의 뇌도 비슷한 방식으로 기능한다. 몇몇 사람들의 두뇌는 타인들의 두뇌보다 뛰어난 게 사실이다. 그리고 이는 결합된 배터리가 단일 배터리보다 더 많은 에너지를 제공하는 것처럼, 여러 사람이 협력해서 머리를 합치면 혼자 머리를 쓸 때보다 생각 에너지를 더욱 크게 발휘할 수 있다는 중요한 말로 이어진다.

이 비유를 통해, 조력자 집단의 원리로 자신을 둘러싸고 있는 사람들의 협력을 얻어 더 큰 힘을 발휘하는 비결을 설명할 수 있다. 이제 이 원리의 영적인 차원도 더 쉽게 설명할 수 있다. 즉, 그룹 구성원 모두의 두뇌가 결합되어 조화롭게 기능할 때 그 집단을 통해 증폭된 에너지를 그룹 구성원 모두가 사용할 수 있게 된다는 것이다.

헨리 포드는 위대한 지성들과 힘을 합쳐 빈곤과 문맹, 무지를 극복했다. 포드는 에디슨, 버뱅크, 버로스 그리고 파이어스톤*과 연합했다. 그리고 자신의 두뇌와 네 사람의 지성과 경험, 지식과 영적 힘의 총체와 본질을 합쳐서 활용했다. 또한, 그는 이 책에 설명하는 방법을 통해 조력자 집단의 원리를 이용했다. 당신에게도 이 원리는 유효하다!

힘, 즉 조직화된 노력은 조력자 집단 구성원 각자의 힘을 합쳐서 생성된다

힘은 돈을 모으는 데 필수적이기 때문에 계획을 실행할 충분한 힘이 없으면 무기력하고 쓸모가 없다. 그리고 힘은 '조직화되고 지혜롭게 유도되는 지식'으로 정의되기에 지식의 원천을 조사하고, 그 지식을 행동으로 실행하는 것이 중요하다.

---

* 역주) 존 알바인 버뱅크John Albyne Burbank(1827~1905)는 미국의 사업가로 4대 다코다 주지사를 역임하였다. 윌리엄 수어드 버로스William Seward Burroughs(1857~1898)는 뉴욕주 로체스터 출신으로 계산기를 발명하였다. 하비 새뮤얼 파이어스톤Harvey Samuel Firestone(1868~1938)은 마차 바퀴를 생산하는 회사에 취직했다가 자동차 타이어 사업의 잠재력을 발견하고 '파이어스톤 타이어 앤드 러버 컴퍼니Firestone Tire and Rubber Company'를 설립하여 대량생산 시스템을 구축하였다.

- 무한지성. 창조적 상상력의 도움을 받는 이 지식의 원천은 11장에 설명하는 지침을 통해 흡수할 수 있다.

- 축적된 경험. 인류의 축적된 경험은 자료를 잘 갖춘 공공 도서관과 인터넷상의 신뢰할 수 있는 출처에서 찾을 수 있다. 이 축적된 경험의 중요한 부분은 분류되고 체계화되어 공공 교육기관과 대학에서 강의되고 있다.

- 실험과 연구. 과학 분야뿐 아니라 거의 모든 삶의 영역에서 사람들은 매일 새로운 사실을 수집, 분류하고 체계화하고 있다. 이는 '축적된 경험'을 통해 지식을 얻기 어려울 때 참고할 수 있는 방법이다. 여기서도 때때로 창조적 상상력을 활용하여야 한다.

지식은 이 세 가지 중 어느 곳에서나 얻을 수 있다. 그리고 명확한 계획으로 체계화하고 구체적 실행으로 이행함으로써 힘으로 전환할 수 있다.

이 세 가지 주요 지식 출처를 잘 검토하면, 지식을 수집하고 명확한 계획을 통해 그 지식을 구현하는 과정에서 당신이 마주칠지도 모르는 어려움을 쉽게 해결할 수 있을 것이다. 계획이 광범위하고 고려해야 할 사항이 많다면, 계획의 수립과 달성에 다른 사람들의 협력을 끌어들여야 한다.

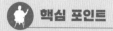

핵심 포인트

- 두 사람의 마음은 제3의 정신에 비유되는, 보이지 않는 세 번째 힘이 만들어지지 않고서는 결코 하나가 되지 않는다.
- 두 사람의 마음이 조화의 정신으로 결합할 때, 각자의 영적 에너지는 친화력을 형성하며, 이는 영적 차원에서 조력자 집단의 원리를 구현한다.
- 큰 재산을 축적한 사람들의 기록을 분석하면 그들이 의식적이든 무의식적이든 조력자 집단의 원리를 사용했다는 것을 알게 될 것이다.
- 화합의 정신으로 체계화된 두뇌 그룹은 구성원 한 사람보다 더 많은 생각 에너지를 제공한다.
- 사람들은 공감과 화합의 정신으로 교류하는 타인들과 본성, 습관, 사고력을 공유한다.
- 힘은 '체계화되고 지혜롭게 유도된 지식'이며, 명확한 목표를 향해 화합의 정신으로 함께 일하는 두 명 이상의 노력이 조화를 이루어 발생한다.

NAPOLEON HILL

10장

부에 이르는
제10원칙

THINK AND GROW RICH
FOR THE MODERN READER

성 에너지의 미스터리

부에 이르는 13가지 원칙

1. 열망
2. 신념
3. 자기암시
4. 전문 지식
5. 상상력
6. 체계적인 계획
7. 결단성
8. 끈기
9. 조력자 집단
10. 성 에너지의 미스터리
11. 잠재의식
12. 두뇌
13. 육감六感

부에 이르는 제10원칙

성 에너지의 미스터리

성 에너지에 이끌릴 때 예리한 상상력과
용기, 의지력, 끈기와 창조적 능력을 발휘하게 된다

'변환transmute'이라는 단어의 뜻은 간단히 말해 '한 요
소 또는 에너지 형태를 다른 것으로 바꾸거나 이전하는 것'
이다.

성 에너지에 수반되는 감정은 마음 상태의 변화를 가져
온다. 이러한 마음 상태는 무지 탓에 일반적으로 육체적인
것으로만 여겨졌다. 성이 본질적으로 육체적 행위이기는 하

지만 부수되는 정신적 측면이 크게 왜곡된 것은 대부분 사람들이 성에 관해서 제대로 된 교육을 받지 못하였기 때문이다. 이 장은 주로 남성에 초점이 맞추어져 있지만, 여성 또한 많은 지식과 통찰을 얻을 수 있다.

성적 감정의 이면에는 세 가지 순기능이 있다.

1. 인류의 존속(종족 보존)
2. 건강 유지(치료 요법으로 이만한 것이 없다.)
3. 평범한 사람을 천재로 변모시킨다.

성 에너지의 변환은 간단하고 쉽게 설명할 수 있다. 그것은 육체적인 분출 욕구를 다른 창조적 성향으로 돌릴 수 있도록 심리 상태를 전환하는 것을 의미한다.

성 에너지는 인간의 욕망 가운데 가장 강력한 것으로, 이 욕망에 이끌리면 특히 남성들은 평소에는 잘 몰랐던 예리한 상상력과 용기, 의지력, 끈기와 창조적 능력을 발휘하게 된다. 성적 접촉에 대한 욕구는 너무 강하고 충동적이어서 남자들은 인생과 명예 손상의 위험을 무릅쓰고 거침없이 그것에 탐닉한다. 하지만, 이 욕구를 잘 조절하여 다른 분야로 활용하면 이 욕구를 불러일으키는 힘을, 예리한 상상력이나 용기 등의 모든 속성을 유지한 채, 문학과 예술은 물론 부의 축적을 포함한 사업 측면에서도 강력한 상상력의 원천으로 사용할 수 있다.

성 에너지를 변환하려면 물론 강한 의지력을 발휘해야 하지만, 성공의 대가를 생각해 보면 노력할 가치가 충분하다. 성적 표현에 대한 욕구는 선천적이며 자연스러운 것이어서 숨기거나 억눌러서는 안 되고, 그럴 수도 없다. 하지만 이 욕구는 몸과 마음과 영혼을 풍요롭게 하는 방식으로 해소해야 한다. 욕구의 전환을 통해 건강한 출구를 찾지 못하면, 순전히 육체적으로만 욕구를 분출하게 된다.

성 에너지를 전환하여 몸과 마음, 영혼을 풍요롭게 하는 다른 출구를 찾아라

강물은 둑으로 잠시 막을 수 있지만 결국에는 넘쳐 흐르게 된다. 성에 대한 욕구도 마찬가지다. 잠시 억누르고 조절할 수 있지만, 본질적으로 분출 대상을 끊임없이 찾게 된다. 이를 창조적인 노력으로 변환시키지 못하면 저급한 방식으로 분출될 것이다.

행운아들, 실제로 창조적 노력을 통해 성 에너지를 생산적으로 방출할 줄 알았던 행운아들은 천재의 반열에 올랐다.

과학적 연구로 다음과 같은 중요한 사실이 밝혀졌다.

1. 가장 큰 업적을 남긴 사람들은 성적 본능을 고도로 계발한, 즉 성 에너지의 변환 기술을 익힌 사람들이다.

2. 문학과 예술, 건축, 산업계나 전문직에서 큰 부를 축적하고 명성을 얻은 남성들은 여성에게서 성취동기를 자극받았다.

이 놀라운 발견은 2,000년 이상 뛰어난 인물의 전기나 역사적 사실을 연구한 결과이다. 위대한 성취를 이룬 남성이나 여성의 삶과 관련된 발자취 어디에서나, 그들이 고도로 발달된 성 에너지를 소유하고 있었다는 사실이 설득력 있게 드러난다.

성에 대한 감정은 그런 느낌에 '반응하지 않는 육체'라는 표현이 있을 수 없듯이 '거부할 수 없는 힘'이다. 성적 감정에 촉발되면, 남자는 엄청난 실행력을 얻게 된다. 이런 사실을 이해한다면, 성 에너지를 건설적으로 전환하면 당신도 천재가 될 수 있다는 말의 의미를 깨닫게 될 것이다.

사람이든 짐승이든 생식샘을 제거하면 활력의 주요한 근원을 잃게 된다. 동물이 거세된 후 어떤 일이 일어나는지 관찰해 보라. 거세된 황소는 암소처럼 유순해진다. 성전환 수술을 받으면 남자든 짐승이든 수컷으로서의 투쟁 본능이 제거된다. 암컷의 성전환도 같은 효과가 있음은 말할 나위 없다.

성적 감정은 모든 심리적 자극 중에서
가장 집요하고 강력하다

인간의 마음은 자극에 반응하며, 이 자극을 통해 열정이나 창조적 상상력, 강렬한 욕망 등으로 일컫는 감정의 고조 상태에 이른다. 사람의 마음이 가장 거침없이 반응하는 자극은 다음과 같다.

1. 성적 표현 욕구

2. 사랑

3. 명예, 권력 또는 금전적 이익에 대한 불타는 욕망

4. 음악

5. 동성 또는 이성 간의 우정

6. 영적인 발전이나 사업의 성취를 위해 모인 2인 이상
   의 화합을 기반으로 하는 조력자 집단 동맹

7. 박해를 받는 사람들이 느끼는 동병상련

8. 자기암시

9. 두려움

10. 술과 마약

성적 표현 욕구가 이 자극 목록에서 맨 앞에 자리한다. 왜냐하면 가장 강하게 심리적 진동을 '증폭'시키고 육체적 행동을 유발하기 때문이다. 열거한 자극 중 앞 8개는 자연스럽고 건설적인 것이다. 그러나 나머지 둘은 파괴적이다.

이 목록은 인간의 심리를 자극하는 주요 원인에 대해 비교 연구할 수 있도록 하려고 제시한 것으로, 성적 감정이 모든 마음의 자극 중에서 가장 격렬하고 강력하다는 사실을 단번에 알 수 있다.

'인간적 매력personal magnetism'이란
다름 아닌 성적 에너지이다

　최고의 영업 사원들은 고도로 발달된 성적 감정을 가지고 있다고 한다. 그들은 고객을 끌어들이는 '인간적 매력'을 지니고 있는데, 그것은 다름 아닌 성적 에너지다. 이 생명의 힘은 다섯 가지 방식으로 표현된다.

　1. 악수. 손을 맞잡는 순간 곧바로 상대방이 활력이 넘치거나 부족함을 알 수 있다.

　2. 목소리 톤. 매력, 즉 성적 에너지는 목소리를 윤택하게 하며 음악적이고 매력적으로 들리게 한다.

　3. 보행 자세와 행동거지. 성적 에너지가 강한 사람들은 활기차고 우아하고 경쾌하게 움직인다.

　4. 사고의 전파력. 이 사람들은 자기 생각을 성적 매력으로 포장하여 전달해서 주변 사람들에게 영향을

미친다.

5. 외모 치장. 이 사람들은 일반적으로 자신의 외모에 매
   우 세심하다. 그들은 보통 자신의 성격, 체격, 분위기
   등에 따라 옷 스타일을 선택한다.

탁월한 영업 관리자는 영업 사원을 고용할 때 인간적
매력을 첫 번째 자질로 요구한다. 성적 활력이 부족한 사람
들은 결코 열정적이지 않기에 다른 사람들에게 영감을 줄
수 없다. 그리고 이 열정이야말로 무엇을 팔든 영업 사원의 가장
중요한 덕목 중 하나다. 크게 성공하는 영업 사원은 의식적이
든 무의식적이든 성적 활력을 영업에 임하는 열정으로 바꾸
기 때문에 '최고'의 자리에 오른다!

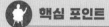

- 성 에너지의 전환이란 육체적 욕구를 다른 본능으로 바꾸는 것을 의미한다.
- 성 에너지는 인간의 가장 강력한 욕망이다.
- 성적 감정은 모든 심리적 자극 중에서 가장 집요하고 강력하다.
- 성적 욕구에 이끌릴 때 사람들은 상상력과 용기, 의지력, 끈기, 그리고 평소에는 잘 몰랐던 창조적 능력을 발휘한다.
- 성 에너지를 변환하려면 강한 의지력이 필요하지만 충분히 노력할 가치가 있다.
- 성에 대한 지나친 탐욕은 무절제한 과음과식 못지않게 해롭다.

NAPOLEON HILL

11장

부에 이르는
제11원칙

THINK AND GROW RICH
FOR THE MODERN READER

잠재의식

부에 이르는 13가지 원칙

1. 열망
2. 신념
3. 자기암시
4. 전문 지식
5. 상상력
6. 체계적인 계획
7. 결단성
8. 끈기
9. 조력자 집단
10. 성 에너지의 미스터리
11. 잠재의식
12. 두뇌
13. 육감六感

부에 이르는 제11원칙
잠재의식

**잠재의식은 인간의 마음을
무한지성과 연결하는 고리이다**

잠재의식은 오감五感을 통해 인간의 마음에 도달하는 모든 생각의 충동을 분류하고 기록하는 의식의 영역을 구성한다. 우리는 문서를 보관하는 서류함처럼 생각을 잠재의식에서 불러오거나 담아둘 수 있다.

잠재의식은 감각기관을 통해 느낀 인상이나 생각을 그 본질과 관계없이 받아들이고 정리한다. 우리는 물리적 또는 금전적 등가물로 변환하고자 하는 계획이나 생각, 또는 목적을 잠재의식 속에 자의로 심을 수 있다. 잠재의식은 신념처럼 강한 감정과 어우러진 지배적인 욕망에 먼저 반응한다.

이것을 제1장에서 제시한 열망의 변환에 관한 지침, 제6장의 계획 수립에 대한 지침과 관련하여 숙고해 보면 잠재의식에 도달한 생각의 중요성을 이해하게 된다.

잠재의식은 밤낮으로 끊임없이 작용한다

아직까지 확실히 그 방법을 규명하지는 못했지만, 잠재의식은 무한지성의 힘을 빌어 자의로 개개인의 욕망을 물리적 등가물로 변환하고, 이를 달성하기 위해 가장 실용적인 수단을 활용한다.

잠재의식을 완전히 관리할 수는 없지만, 구체적인 형태로 실현하고자 하는 계획, 열망, 목적을 자의로 잠재의식에 전달할 수 있다. 자기암시를 서술한 3장에 나오는 잠재의식의 사용지침을 다시 읽어보라.

잠재의식이 인간의 유한한 마음과 무한지성을 연결하는 고리라는 믿음을 뒷받침하는 증거는 많다. 잠재의식은 우리가 마음먹은 대로 무한지성의 힘을 이끌어 낼 수 있는 중개자이며, 그 속에는 우리의 심리적 충동을 영적 등가물로 바꾸는 은밀한 과정이 작용하고 있다. 잠재의식만이 우리의 기도를 전달해서 신의 응답을 구하는 매개체이다.

창조적 노력이 잠재의식과 결합되면, 경이로울 만큼 엄청난 일을 할 수 있다.

잠재의식에 관한 토론에 임할 때마다 이 주제에 대한 우리의 지식이 너무도 부족하다는 사실에, 초라함과 자괴감을 느낀다. 잠재의식이 인간의 생각하는 마음과 무한지성의 소통 매개체라는 사실은 이성적으로는 받아들이기 힘들 정도이다.

잠재의식의 존재를 현실로 받아들이고, 그것이 열망을 물리적 또는 금전적 등가물로 변환하기 위한 매개체로 작용하리라는 가능성을 이해하고 나면, 1장에서 자세히 설명한 6원칙의 의미를 완전히 이해할 수 있게 될 것이다. 그리고 왜 당신의 열망을 분명히 하고 그것을 문서로 작성하라는 권고를 반복적으로 받았는지, 또한 왜 지침을 수행하는 끈기가 필요한지 이해하게 된다.

이 책에서 서술하는 13가지 원리는 당신의 잠재의식에 도달하여 영향을 끼치도록 하는 자극들이다. 한번 시도해서 되지 않는다고 낙심하지 마라. 잠재의식은 2장에서 서술한 신념에 관한 지침을 활용하여 생각하는 습관을 통해서만 자발적으로 유도될 수 있음을 기억하라. 당신은 아직 그 신념을 확고히 할 시간이 없었다. 인내심을 가지고 끈기 있게 행동하라.

마음을 다스려서 바람직하지 않은 생각이 잠재의식에 깃들지 않게 하라

신념과 자기암시를 다룬 2장과 3장에서 서술한 상당수 표현들이, 이 장에서 잠재의식을 활용하기 위해 반복될 것이다. 당신이 잠재의식에 영향을 미치려고 노력하든 하지 않든, 그것은 저절로 작동한다는 것을 명심하라. 마찬가지로 두려움과 빈곤이나 온갖 부정적인 생각들은, 당신이 그런 충동을 극복하고 더 바람직한 생각으로 대체하지 않는 한, 당신의 잠재의식에 부정적인 자극으로 전달된다.

잠재의식은 잠시도 가만히 있지 않는다! 잠재의식에 바람직한 열망을 키우지 못한다면, 당신이 방치한 온갖 바람직하지 않은 생각들이 자리 잡게 된다. 부정적이든 긍정적이든 생각의 충동이 우리의 잠재의식에 끊임없이 도달하고 있다고 이미 설명한 바 있다.

당분간은 자신도 모르는 사이에 잠재의식에 도달하는 온갖 생각의 충동 속에서 매일을 살고 있다는 사실만 기억하면 충분하다. 이러한 충동 중 일부는 부정적이고 일부는 긍정적이다. 당신은 이제 부정적인 충동의 흐름을 차단하고, 열망과 같이 건설적이고 바람직하게 유도된 긍정적 충동을 통해 의도적으로 잠재의식에 영향을 미치려고 노력하게 된다.

이것을 달성하면 잠재의식의 문을 여는 열쇠를 소유하게 된다. 나아가, 바람직하지 않은 생각이 당신의 잠재의식에 영향을 미치지 않도록 그 문을 완전히 통제할 수 있다.

감정으로 구체화된 생각이
잠재의식에 더 많은 영향을 미친다

잠재의식은 두뇌의 추론을 관장하는 영역에서 비롯된 생각의 충동impulses of thought에 영향을 받기가 더욱 쉽다. 사실, 감정으로 구체화된 생각emotionalized thoughts만이 잠재의

식에 어떤 행동을 유발하게 한다는 이론을 뒷받침하는 증거
는 많이 있다. 사람들은 대부분 감정이나 느낌의 지배를 받
는다는 것은 흔히 알려진 사실이다.

잠재의식이 감정과 어우러진 생각의 충동에 더 빨리 반
응하고 더 쉽게 영향을 받는다는 것이 사실이라면, 더 중요
한 감정에 익숙해지는 것이 필수적이다.

7가지 중요한 긍정적 감정과 7가지 부정적 감정이 있
다. 부정적 감정을 극복하고 긍정적인 감정만을, 우리가 자
기암시의 원리를 통해 잠재의식에 전달하고자 하는 생각의
충동에 불어넣어야 한다. 이에 대한 지침은 이미 3장에 나
와 있다.

이러한 감정은 생각의 충동을 수동적 상태에서 능동적
상태로 바꾸는 행동을 불러온다는 점에서, 빵 덩어리 속의
누룩에 비유할 수 있다. 그리하여 우리는 감정과 잘 어우러
진 생각의 충동이 '냉철한 이성'에서 비롯된 생각의 충동보
다 더 쉽게 영향을 받는 이유를 이해할 수 있다.

여러분은 금전적 등가물로 변환되기를 바라는 성공에
대한 열망을 각인시키기 위해, 잠재의식이라는 '내면의 청중'
에 영향을 주고 통제하기 위해 준비하고 있다. 따라서 이 '내
면의 청중'에 대한 접근 방식을 이해하는 것이 중요하다. 알

아들을 수 있는 언어로 말하지 않으면 그는 당신의 부름에 귀를 기울이지 않을 것이다. 잠재의식이라는 청중은 감정이나 느낌의 언어를 가장 잘 이해한다.

잠재의식은 알아듣는 언어로 말하지 않으면 당신의 부름에 응하지 않는다

잠재의식에 지시할 때 긍정적인 것은 끌어올리고 부정적인 것은 피할 수 있도록 7대 긍정적 감정과 7대 부정적 감정을 살펴보자.

7가지 긍정적인 감정

1. 열망
2. 믿음
3. 사랑
4. 성
5. 열정

6. 연애

7. 희망

다른 긍정적인 정서도 있지만, 위에 열거한 것들이 창조적인 노력을 기울일 때 가장 강력하고 가장 보편적으로 사용되는 7가지 감정이다. 이 7가지 감정에 숙달하면 다른 긍정적인 감정은 필요할 때 얼마든지 동원할 수 있다. 당신은 긍정적인 감정으로 마음을 채움으로써 '부에 대한 자각money consciousness'을 계발하는 데 도움이 되는 책을 학습하고 있다. 부정적인 감정으로 마음을 채우면 '부에 대한 자각'에 도달하지 못한다.

7가지 부정적 감정

1. 두려움

2. 질투

3. 증오

4. 복수

5. 탐욕

6. 미신

7. 분노

긍정적인 감정과 부정적인 감정이 동시에 마음을 차지할 수는 없다. 둘 중 하나가 지배한다. 반드시 긍정적인 감정이 마음을 지배하도록 해야 한다. 이때 반복적인 습관의 법칙이 도움이 될 것이다. 긍정적인 감정에 전념하고 적용하는 습관을 들여라! 마침내 이들이 당신의 마음을 완전히 지배하여 부정적인 감정이 깃들 수 없게 된다.

이 지침을 문자 그대로, 계속해서 따라야 잠재의식을 다스릴 수 있다. 의식 속에 단 하나의 부정적 감정이라도 남아 있다면, 당신은 잠재의식으로부터 건설적인 도움을 받게 될 모든 기회를 잃어버릴 수밖에 없다.

- 잠재의식을 완전히 관리할 수는 없지만 구체적인 형태로 바꾸고자 하는 계획, 열망 또는 목적을 잠재의식 속에 자의로 전달할 수는 있다.
- 잠재의식과 결합한 창조적 노력의 가능성은 엄청나다.
- 한번 시도해 보고 잠재의식을 다스릴 수 없다고 낙심하지 마라. 습관을 통해 조절할 수 있다.
- 잠재의식은 영향을 미치려고 노력하든 말든 저절로 작동한다는 것을 명심하라.
- 부정적인 생각을 제어하고 바람직한 생각을 불어넣지 않는다면, 부정적인 생각이 잠재의식을 자극하게 된다.

NAPOLEON HILL

12장

부에 이르는
제12원칙

두뇌

부에 이르는 13가지 원칙

1. 열망
2. 신념
3. 자기암시
4. 전문 지식
5. 상상력
6. 체계적인 계획
7. 결단성
8. 끈기
9. 조력자 집단
10. 성 에너지의 미스터리
11. 잠재의식
12. 두뇌
13. 육감六感

부에 이르는 제12원칙
두뇌

두뇌는 생각을 주고받는 기지국이다

알렉산더 그레이엄 벨Alexander Graham Bell 박사, 엘머 게이츠Elmer R. Gates* 박사와 함께 일할 때 나는 모든 인간의 뇌가 생각의 전파를 전달하는 방송국이자 수신국이라는 사실을 알게 되었다.

---

* 역주) 알렉산더 그레이엄 벨(1847~1922)은 스코틀랜드 출신의 과학자, 발명가로서 최초의 상용 전화기 특허를 보유했고 1885년에 'AT&T'를 설립했다. 엘머 게이츠(1859~1923)는 포말소화기, 전기다리미, 무균발효 공정과 사금추출기 등을 발명했다.

라디오 방송의 원리와 유사한 방식으로, 모든 인간의 뇌는 다른 사람의 뇌에서 방출되는 생각의 전파를 포착할 수 있다.

앞 단락의 표현을, 5장에서 요약한 창조적 상상력에 대한 서술과 비교해 보라. 창조적 상상력은 뇌의 '수신국'이다. 그것은 인간의 의식적이고 추론하는 마음과 생각의 충동을 받을 수 있는 매우 중요한 네 가지 원천(무한지성, 자신의 잠재의식, 타인의 의식, 타인의 잠재의식) 사이의 의사소통 수단이고, 잠재의식은 생각의 전파를 송출하는 뇌의 '방송국'이다.

생각은 매우 높은 주파수로 이동하는 에너지이다

자극을 받아서 높은 주파수로 '증폭step up'되면 인간의 마음은 외부 출처에서 내보내는 생각의 파동을 더 잘 수용하게 된다. 이 '증폭' 과정은 긍정적이거나 부정적인 감정을 통해 유발된다. 생각의 파동은 감정을 통해 증폭될 수 있다.

매우 높은 주파수를 가진 파동은 한 뇌에서 다른 뇌로 전달되고 포착되는 유일한 진동이다. 생각은 매우 높은 주파수로 이동하는 에너지이다. 돈에 대한 열망 같은 강한 감정으로 '증폭'된 생각은 훨씬 더 높은 파장으로 진동하며, 인간 두뇌의 방송 메커니즘을 통해 다른 사람의 뇌로 전달된다.

성적 감정은 강도와 추진력 면에서 인간의 감정 목록 맨 앞에 있다. 성적 감정에 의해 자극받은 뇌는 그 감정이 정지되어 있거나 결여되어 있을 때보다 훨씬 더 빠른 속도로 진동한다.

성적 에너지가 변환되어 생각의 진동 속도가 증가한 결과, 창조적 상상력이 전달된 아이디어를 매우 잘 수용하게 된다. 한편 뇌가 빠른 속도로 진동할 때는 다른 사람의 뇌에서 방출된 생각과 아이디어를 수용할 뿐만 아니라, 그러한 '느낌'을 잠재의식이 받아들여 행동으로 전환하기에 앞서 우리의 생각에 전달한다.

이처럼 느낌이나 감정을 생각과 혼합하여 잠재의식으로 전달하는 데는 두뇌의 방송 원리가 작용하고 있음을 알 수 있다.

잠재의식, 창조적 상상력, 자기암시는
두뇌의 방송국을 활용할 때
명심해서 적용해야 할 세 가지 원칙이다

두뇌 방송국의 송수신 장비를 구성하는 잠재의식과 창조적 상상력이라는 중요한 재능과 함께, 이제 당신의 '방송국'을 작동시키는 자기암시의 원리를 알아보자.

3장에서 설명한 지침을 통해 당신은 열망을 금전적 등가물로 변환할 수 있는 방법에 대해 알고 있다.

두뇌 '방송국'의 운영은 비교적 간단한 절차를 따른다. 방송국을 사용할 때 명심해서 적용해야 할 세 가지 원리가 있다. 첫째, 잠재의식. 둘째, 창조적 상상력. 셋째, 자기암시이다. 이 세 가지 원리를 실행으로 옮기는 자극에 대해서는 이미 설명했는데, 방송은 열망을 품는 데서부터 시작한다.

조력자 집단에 대해 9장에서 서술한 원리를 이해한다면, 당연히 조력자 집단의 원리를 실제 적용하는 방식으로 설명한 원탁회의 방식을 떠올릴 수 있다. 명확한 주제에 대한 세 사람 이상의 건설적인 토론을 거친 결론 도출, 이것은 조력자 집단 원리의 가장 단순하고 실용적인 적용 예시이다.

이와 유사한 계획을 채택하고 따름으로써, 이 책을 접한 사람들은 누구나 이전의 여러 장에서 간략하게 설명한 저 유명한 카네기 공식을 체득하게 될 것이다.

 핵심 포인트

- 모든 인간의 뇌는 생각의 전파를 송신하고 수신하는 방송국이다.
- 창조적 상상력은 다른 사람의 두뇌가 방출하는 생각을 받아들이는 두뇌의 '수신국'이다.
- 잠재의식은 생각의 진동이 전달되는 뇌의 '전송국'이다.
- 감정을 통해 생각의 진동을 증폭할 수 있다.
- 성적 에너지에 의해 자극을 받은 뇌는 그러한 감정이 휴면 상태이거나 없을 때보다 훨씬 더 빠른 속도로 진동한다.
- 두뇌 방송국의 원리는 느낌이나 감정을 생각과 혼합하여 잠재의식에 전달하는 것이다.

NAPOLEON HILL

13장

부에 이르는 제13원칙

THINK AND GROW RICH
FOR THE MODERN READER

육감六感

부에 이르는 13가지 원칙

1. 열망
2. 신념
3. 자기암시
4. 전문 지식
5. 상상력
6. 체계적인 계획
7. 결단성
8. 끈기
9. 조력자 집단
10. 성 에너지의 미스터리
11. 잠재의식
12. 두뇌
13. 육감六感

부에 이르는 제13원칙
육감 六感

육감은 지혜의 신전에 이르는 문이다

열세 번째 원리는 육감(제육감第六感이라고도 한다.)이다. 이를 통해 무한지성이 개인의 노력이나 요구를 따르지 않고 저절로 의사소통할 수 있다. 이 원리가 이 책에서 말하는 성공 철학의 정점이니, 앞서 설명한 12가지 원리를 먼저 숙달하여야만 완전히 이해하고 활용할 수 있다.

육감은 잠재의식의 한 부분을 차지하며 창조적 상상력에 속하는 것으로 여긴다. 창조적 상상력은 아이디어나 계획, 생각이 마음속으로 섬광처럼 전파되는 '수신국'이라고도 불리며, 우리는 그 '섬광'을 때때로 '예감' 또는 '영감'이라 칭한다.

육감은 설명이 불가능하다! 이 책에 서술된 철학의 다른 원리를 잘 모르는 사람은 육감과 비교할 수 있는 지식과 경험이 없기 때문에 그에게 설명하기 어렵다. 육감에 대한 이해는 내면의 자아 계발을 통한 명상으로만 가능하다.

육감은 인간의 유한한 마음과 무한지성 사이의 매개체임이 분명하다. 그런 까닭에 육감은 정신적인 것과 영적인 것의 혼합체이다.

육감을 통해 피해야 할 위험을 때맞춰 경고받고 아울러 그 위험을 타개할 기회도 얻게 된다

이 책의 성공 철학에 제시된 원리를 숙달한 다음, 당신은 다른 방법으로는 도저히 설명할 수 없는 말, 즉 육감의 도움을 받아 닥쳐올 위험을 때맞춰 알게 되고, 아울러 그 위험을 타개할 기회가 온다는 것을 믿을 수 있게 된다.

그리고 육감을 개발하면, '지혜의 신전Temple of Wisdom'으로 가는 문을 열어 줄 '수호천사'가 당신의 부름을 받고 도우러 온다. 이러한 표현이 진실이란 것은 이 책에서 설명하는 여러 지침을 따르지 않는 한 절대 이해할 수 없다.

대자연은 스스로 확립한 법칙에서 결코 벗어나지 않는다는 것을 알고 있을 만큼 대자연에 대한 지식을 충분히 가지고 있는 나는, '기적'을 믿거나 옹호하지 않는다. 대자연의 법칙 중 일부는 너무 이해하기 어려워 '기적'처럼 보이기도 하는데, 육감은 나의 경험으로는 가장 기적에 가깝다. 아마 나 또한 그 원리가 작동하는 방식을 완전히 이해하지 못하기 때문에 그럴 것이다.

나는 물질의 원자 하나하나까지 스며들고 인류가 감지할 수 있는 모든 에너지를 관장하는 힘, 즉 제1원리First Cause*, 다시 말해 무한지성이 있다는 것을 알고 있다. 이 무한지성이 도토리를 떡갈나무로 자라게 하고, 물이 중력의 법칙에 따라 아래로 흐르게 하고, 밤이 낮을 뒤따르고, 겨울이 여름을 뒤따르게 하는 등, 만물의 적절한 위치와 서로 간의

---

* 역주) 제1원리第一原理는 제1원인이라고도 하며, 신을 우주 최초의 창시자로 보는 철학적 용어이다. 원래는 아리스토텔레스Aristoteles 철학에서 궁극목적인 순수형상純粹形相을 의미하는 것으로, 자연계의 최고의 원리이자 모든 운동의 궁극적 원인을 말한다. 이를 신, 조물주라고도 불렀으나 아리스토텔레스 철학은 경험적 현실을 중요시하는 관점이기 때문에 종교적 신앙의 대상은 아니었다.

관계를 유지하게 한다는 것쯤은 알고 있다. 우리는 간절한 열망을 구체적이거나 물질적인 형태로 변환할 때, 이 책에서 전개한 철학의 원리를 빌어 무한지성의 도움을 받을 수 있다. 나는 직접 실험하고, 또 실제로 경험했기 때문에 그것을 알고 있다.

앞선 장들을 하나하나 학습한 끝에 이 마지막 원리에 이르렀다. 지나온 장의 여러 원리들을 숙달했다면 이 장에서 제기하는 엄청난 주장을 의심 없이 받아들일 준비가 된 셈이다. 아직 다른 원칙들을 충분히 익히지 않았다면 이 장에서 제기하는 주장이 사실인지 허구인지 확실히 판단할 수 있도록 먼저 숙지해야 한다.

육감은 마음대로 취하거나 버릴 수 있는 것이 아니다. 이 위대한 능력을 사용할 수 있는 능력은 이 책에서 정리한 다른 원리들을 적용함으로써 서서히 다가온다. 40세가 되기 전에 육감을 활용할 수 있는 정도의 지식에 도달하는 사람은 거의 없다. 육감과 밀접하게 관련된 영적인 힘은 오랫동안의 명상, 자기 성찰, 진지한 생각을 통하지 않고는 제대로 활용할 수 없기에, 오십이 훨씬 넘어서도 얻을 수 없는 경우가 더 많다.

육감을 설명하는 장을 포함한 이유는 이 책, 《*Think*

and Grow Rich》가 사람들이 인생에서 추구하는 모든 열망을 달성하는 길을 오차 없이 안내할 수 있는 완전한 성공 철학을 제시할 목적으로 기획되었기 때문이다. 모든 성취의 출발점은 열망이다. 그리고 그 종착점은 자신과 타인에 대한 이해, 대자연의 법칙과 행복에 대한 깨달음 등 모든 것을 포함한 이해로 이끄는 지식을 얻는 것이다.

 핵심 포인트

- 육감은 잠재의식 중에서 창조적 상상이라고 하는 부분이다.
- 육감을 이해하는 것은 마음 계발을 통한 명상에 의해서만 가능하다.
- 육감은 정신적인 것과 영적인 것이 혼합된 것이다.
- 육감은 마음대로 취사선택할 수 있는 것이 아니다. 이 큰 힘을 사용할 수 있는 능력은 앞선 12가지 원리, 단계를 완전히 숙지하고 나서야 천천히 다가온다.

NAPOLEON HILL

14장

두려움의 여섯 유령을
물리치는 법

두려움의 여섯 유령을
물리치는 법

마음의 여유를 가져라

성공 철학의 원리를 성공적으로 활용하려면 먼저 그것을 받아들일 마음의 준비가 되어 있어야 한다. 그것은 어렵지 않다. 마음에서 지워야 하는 세 가지 적, 즉 우유부단, 의심, 두려움에 대한 연구, 분석과 이해로 시작된다!

이 세 가지 부정적 감정 전부 또는 일부라도 마음에 남아 있는 동안에는 육감이 작동하지 않을 것이다. 이 무서운 트리오는 서로 밀접하게 관련되어 있어, 하나가 발견되면 다른 둘도 가까이에 있다.

우유부단은 두려움의 씨앗이다! 우유부단함이 의심으로 바뀌는 것을 명심하라. 이 둘이 섞이는 과정은 간혹 느리긴 하지만 섞이면 두려움이 된다! 이것이 이 세 가지 적이 그토록 위험한 이유 중 하나이다. 그것들은 눈치채지 못하는 사이에 싹이 터서 자란다.

이 장의 목적은 여섯 가지 기본 두려움의 원인과 치유책에 초점을 맞추는 것이다. 우리는 이들을 정복하기에 앞서 적들의 이름과 습관과 거처를 알아야 한다. 이 장을 읽으면서 스스로 주의 깊게 분석하고, 6가지 두려움 중 어떤 것이 당신에게 깃들어 있는지 판단하라.

이 교묘한 적들의 습성에 속지 말도록 하라. 때때로 그들은 잠재의식 속에 숨어 있어서 찾기도 어렵거니와 제거하기는 더욱 어렵다.

두려움은 오직 마음먹기에 달려 있다

인간이라면 누구나 한 번씩 겪는 기본적인 두려움이 6가지 있다. 사는 동안 그 6가지 모두로 고통을 겪지 않는다면 운이 좋은 편이다. 가장 흔한 형태로 나타나는 6가지 두려움의 대상은 다음과 같다.

1. 빈곤
2. 비판
3. 건강 악화
4. 사랑의 상실
5. 늙음
6. 죽음

다른 두려움들은 그다지 중요하지 않으며 대부분 이 6가지 분류에 포함된다.

세상에 대한 저주인 듯, 이러한 두려움의 유행이 순환되고 있다. 거의 6년에 이르는 대공황 시절, 수많은 사람들이 빈곤에 대한 두려움 속에서 허덕였다. 세계대전 중에는 수많은 사람들이 죽음의 공포 속에 살았다. 전쟁이 끝난 후 이제는 수많은 사람들이 전 세계적으로 유행하는 전염병에 따른 건강 악화를 걱정하며 살고 있다.

두려움은 단지 마음의 상태에 지나지 않는다. 우리는 마음 상태를 스스로 통제하고 이끌 수 있다. 이 책에 자세히 설명된 원리들을 통해 생각을 효과적으로 통제하고 두려움을 극복하여, 공포에서 비롯된 파괴적인 사고가 아니라 풍요에 대한 생각의 충동을 물리적 현실로 변환할 수 있다.

기억하라. 애초에 인간이 꿈꿀 수 없는 것은 결코 이룰 수도 없다. 이보다 훨씬 더 중요한 말이 있다. "생각의 충동은 그것이 자발적이든 비자발적이든 상관없이 즉시 물리적 등가물로 해석되고 나타나기 시작한다." 다른 사람들에게 들은 생각처럼 순전히 우연으로 포착된 생각의 충동이, 우리의 의도와 설계로 창출되는 생각의 충동과 마찬가지로 확실히 당신의 재산이나 사업가, 전문가로서의 진로 또는 사회적 평판을 결정할 수도 있다.

우리는 여기에 어째서 어떤 사람들은 '운이 좋은' 것처럼 보이는 반면, 동등하거나 더 큰 능력, 교육, 인생 경험 또는 두뇌 역량을 가진 사람들이 불운하게 실패하는가를 이해하지 못하는 사람에게 매우 중요한 사실을 설명할 수 있는 근거를 제시한다. 이 사실은 "모든 인간은 자신의 마음을 완전히 통제할 수 있는 능력이 있다."는 말로 설명할 수 있다. 그리고 이 통제를 통해 분명히 모든 사람은 다른 사람에게서 방출되는 부정적인 생각의 충동에 마음을 열거나, 아니면 문을 단단히 닫고 스스로 선택한 생각의 충동만을 인정할 수 있다.

우리는 선천적으로 단 한 가지, 즉 생각에 대한 절대적인 통제권을 가지고 태어났다. 나아가 우리가 창조하는 모든 것이 생각의 형태로 시작된다는 것을 깨닫게 되면, 두려움을 지배할 수 있는 원리에 매우 가깝게 다가설 수 있다.

모든 생각은 물리적 등가물로 치환되는 성향이 있다(이는 의심의 여지가 없다.)는 것이 사실이라면, 두려움과 빈곤 같은 생각의 충동을 용기와 풍요로움이라는 관점으로 바꾸어 해석할 수 없다는 것도 마찬가지다.

여섯 가지 기본적인 공포는 우유부단함을 통해 걱정의 상태로 전환된다. 두려움을 극복하려면 다음 지침을 따르라.

- 죽음을 피할 수 없는 사건으로 받아들여 죽음에 대한 두려움에서 영원히 벗어나라.

- 축적할 수 있는 모든 부와 더불어 걱정 없이 살기로 작정하여 빈곤에 대한 두려움을 떨쳐 버리라.

- 남들이 생각하고, 행동하고, 말하는 것에 대해 신경 쓰지 않기로 마음먹어 비판에 대한 두려움을 짓밟아 버리라.

- 늙음을 장애가 아니라 젊은이들이 얻지 못할 지혜와 자제력이 생겨나는 큰 축복으로 받아들여, 늙음에 대한 두려움을 없애라.

- 필요할 때 신뢰할 수 있는 의료 전문가와 상의하여, 질병에 대한 두려움에서 벗어나라.

- 필요하다면 사랑 없이 지내기로 결심하여, 사랑의 상실에 대한 두려움을 극복하라.

살아가는 동안 걱정을 안고 지내야 할 필요는 없다. 대범하게 생각해서 매사 걱정하는 습관을 없애라. 이렇게 결심하면 마음의 안정과 평화, 그리고 행복을 가져다줄 평온함이 찾아온다.

마음이 두려움으로 가득 찬 사람은 지적으로 행동할 기회를 잃을 뿐만 아니라 교류하는 주변 모든 사람의 마음에 파괴적인 감정을 전파한다.

 **핵심 포인트**

- 이 책에 담긴 철학을 성공적으로 사용하려면 먼저 마음 속에서 우유부단, 의심, 두려움이라는 세 가지를 비워야 한다.
- 우유부단함은 두려움의 싹이다. 그것은 의심과 합쳐지고 굳어져 두려움이 된다.
- 여섯 가지 기본적인 두려움의 원천이 있다. 빈곤, 비판, 건강 악화, 사랑의 상실, 늙음, 죽음이다.
- 여섯 가지 기본적인 두려움은 우유부단함을 통해 걱정의 상태로 전환된다.
- 두려움은 우리가 바꾸고 제거할 수 있는 마음의 상태일 뿐이다.

결론

나는 수많은 성공한 사람들을 개인적으로 분석하면서 그들 모두가 아이디어를 교환하는 습관이 있다는 것을 발견했다. 해결해야 할 문제가 있을 때, 그들은 함께 앉아서 토론을 통해 그들의 목적에 맞는 계획을 발견할 때까지 편하게 이야기를 나눴다.

조력자 집단의 원리를 실천함으로써 이 책에서 배운 것을 최대한 활용할 수 있을 것이다. 다른 사람들이 성공적으로 하고 있는 것처럼 당신도 적절한 수의 친절하고 함께 있기 편한 사람들로 구성된 스터디 그룹을 구성해서 실천할 수 있다. 그룹은 매주 1회 이상 정기적으로 모임을 가져야 하며, 모일 때마다 이 책을 한 장씩 읽고 모든 회원이 자유롭게 내용을 토론하는 것으로 진행해야 한다. 구성원들은 토론 과정에서 영감을 받아 떠오르는 아이디어를 각각 메모하는 것이 좋다.

이 계획을 따르면 수백 명의 성공적인 개인의 경험에서 도출된, 최고의 총체적인 지식으로 혜택을 받을 뿐만 아니라, 더 나아가 다른 사람들로부터 값을 따질 수 없을 만큼 귀중한 지식을 습득하여 당신 마음속에 새로운 지식의 원천을 남길 수 있다.

부를 항상 돈으로만 측정할 수는 없다

부를 항상 돈으로만 잴 수는 없음을 기억하라! 몸과 마음의 자유를 위해서는 돈과 물질이 필수적이지만, 가장 큰 재물은 지속적인 우정이나 화목한 가족 관계, 동료 간의 공감과 이해, 그리고 정신적인 가치로만 측정할 수 있는, 마음의 평화를 가져다주는 내면의 조화로 평가할 수 있다고 느끼는 사람들이 있을 것이다.

그렇다 하더라도 만약 당신이 이 책에서 말하는 부에

이르는 13가지의 원칙을 숙지하여 적용하고 이 성공 철학을 받아들인다면, 당신은 준비가 된 사람들을 제외하고는 모든 사람이 놓쳐 왔고 앞으로도 놓치게 될 더 많은 재산을 얻고 누릴 태세를 갖출 것이다.

이 책에 담긴 성공 철학을 흡수하여, 조화로운 깨달음이 있는 삶을 누릴 준비와 아울러 많은 부를 쌓을 준비도 같이 하라!

맺음말

이 책은 한 번 읽고 던져둘 책이 아니다. 성공에 대한 당신의 열망을 높이고 당신의 확실한 목표를 현실로 옮기는 능력을 극대화하고자 한다면 매주, 매달, 매년 반복해 읽어야 할 책이다. 세계의 위대한 기업가들은 힐의 책에 담긴 원칙들을 적어도 1년에 한 번은 다시 음미하여 반드시 그 개념이 머릿속에 생생하게 남아 있도록 한다고 말할 것이다.

책을 다 읽었다면, 날마다 이 책을 한 장씩 다시 넘기며 성공 철학에 대한 이해가 얼마나 깊어지고, 그 과정에서 새로운 생각의 충동이 어떻게 당신의 마음에 각인되는지 느껴보라. 진행 상황에 대해 계속 일기를 써 보면, 얼마나 많은 성공을 이루게 되는지 깜짝 놀랄 것이다!

부자 과외 수업

초판 1쇄 발행 2022년 12월 12일

지은이 나폴레온 힐
옮긴이 정기철

펴낸이 장종표
편집 배정환, 김효곤   디자인 씨오디

펴낸곳 도서출판 청송재
등록번호 2020년 2월 11일 제2020-000023호
주소 서울시 송파구 송파대로 201 테라타워2-B동 1620호
전화 02-881-5761   팩스 02-881-5764
홈페이지 www.csjPub.com
페이스북 www.facebook.com/csjpub
블로그 blog.naver.com/campzang
이메일 sol@csjpub.com

ISBN 979-11-91883-13-8 03190

※ 책값은 뒤표지에 있습니다.